Andreas Nager

# BEDINGUNGSLOSE ANNAHME

## Die Transformationskraft der Lebensbejahung

Bibliografische Information der Deutschen Nationalbibliothek:
Die Deutsche Nationalbibliothek verzeichnet diese Publikation
in der Deutschen Nationalbibliografie; detaillierte bibliografische
Daten sind im Internet über dnb.dnb.de abrufbar.

Copyright: © 2017 Andreas Nager
Einklang Verlag
Coverfoto: Claudia Keller
Covergestaltung: Andreas Reiberg
Satz: Axel Ellerhorst
Printed in Germany
ISBN: 978-3-946315-09-4

# Vorwort

Solange es uns gut geht, fällt es uns leicht, unser Dasein zu bejahen. Wieso denn sollten wir das Leben und seine Gesetze hinterfragen, wenn alles rund läuft?

Im Angesicht einer Lebenskrise jedoch beginnen bohrende Fragen in uns aufzutauchen. Das Wort Krise entspringt dem griechischen „krisis" und bedeutet „Entscheidung" oder „entscheidende Wende". Eine Krise zwingt uns zu einer Entscheidung. Sie möchte uns wandeln. Jede Krise bietet uns die Chance, in eine uns bisher unbekannte Tiefe vorzudringen. Die Angst, zugrunde zu gehen, weckt im Menschen die Notwendigkeit, dem Geheimnis des Lebens auf den Grund zu gehen.

Täglich begegne ich in meinem Beruf Menschen, die durch eine Krise aus der Komfortzone ihres Lebens gerissen werden. Dieser neuen, schwierigen Lebenslage stehen sie erst einmal hilf- und ratlos gegenüber. Ihre innere Not und die daraus entspringende Suche nach Antworten auf das Wieso und Wozu weckt in ihnen ein tiefes Bedürfnis, sich mit den großen Lebensfragen auseinanderzusetzen: Wer bin ich? Was ist meine Aufgabe? Was ist der Sinn des Lebens? Woher komme ich und wohin gehe ich? Was ist Gott?

Unzählig sind die Bücher, die sich mit den großen existentiellen Fragen beschäftigen. Auch ich habe über die Jahre unzählige davon gelesen. Auslöser für diese eingehende Lektüre war seinerzeit auch bei mir eine tief schürfende Lebenskrise. Ich kann mich erinnern, dass ich mich anfangs im Dschungel des unermesslichen Bücherangebots regelrecht verirrt habe. Die Auswahl ist unüberschaubar. Womit sollte ich beginnen?

Da boten sich zahllose psychologische Ratgeber und esoterische Selbsthilfebücher an. Die meisten versprachen mehr, als sie hielten. Da wimmelte es von teils abenteuerlichen New-Age-Publikationen, die mich nicht selten etwas verwirrt in einem luftleeren Raum zurückließen. Des

Weiteren findet sich eine umfangreiche Auswahl an östlicher Literatur, vorwiegend über Buddhismus, Hinduismus, Taoismus und Sufismus. Ihre tiefe Weisheit übte zwar eine große Anziehungskraft auf mich aus, schien aber anfangs nur schwer mit meinem westlich geprägten Weltbild vereinbar. Schließlich waren da die klassischen philosophischen Werke, die mich aber in ihrer Komplexität überforderten.

Als Einstieg hätte ich mir eine einfache Orientierungshilfe gewünscht – in Form eines Buches, das in geraffter Form einen Überblick über die bedeutenden Fragen des Daseins bietet und mir Anregungen zu einem neuen, schöpferischen und heilsamen Umgang mit meiner Lebenssituation geben sollte. Demselben Wunsch begegne ich heute bei vielen meiner Klienten.

Das vorliegende Buch soll ein Beitrag sein, diesem Bedürfnis entgegenzukommen. Ich wage den Versuch einer kurzen Einführung in meiner Ansicht nach essentielle Fragen menschlicher Existenz.

In vier Kapiteln beleuchte ich vier zentrale Bereiche der Lebensbejahung, vier „JA-Bereiche": JA zum Fließen und Sich-Wandeln, JA zur Selbstverwirklichung, JA zu Leid und Schmerz und JA zu Gott.

Heil sein bedeutet ganz sein. Meiner Erfahrung nach wird ein Mensch in dem Maße heil, in dem es ihm gelingt, diese vier "JA-Bereiche" zu betreten, zu erforschen und zu beleben.

Erste Voraussetzung für unser Heil-Werden ist ein „JA" zu Veränderung, ist unsere Bereitschaft, uns zu verwandeln. Wer sich für eine Umgestaltung im Innen wie im Außen öffnet, wer stetig von neuem dazu bereit ist, alte, festgefahrene Vorstellungen und Gewohnheiten von seinem Leben loszulassen und neue, ungesicherte Wege zu betreten, ist im Einklang mit dem fundamentalen Lebensgesetz, wonach alles im Fluss ist, sich stetig wandelt, erneuert.

Der zweite „JA-Bereich" handelt von Selbsterkenntnis und Selbstverwirklichung. Wir alle sehnen uns danach, die zu werden, die wir zutiefst sind. In uns allen schlummern unzählige Entfaltungsmöglichkeiten und individuelle Fähigkeiten. Jede/r von uns besitzt ein einmaliges schöpferisches Potenzial, das es zu erkennen, zu entfalten und ins Leben einzubringen gilt. Gelingt uns dies, fühlen wir uns der Welt zugehörig, fühlen wir uns lebendig und heil.

Wer das Leben in seiner ganzen Fülle gutheißen möchte, muss auch „JA" sagen zu Leid und Schmerz. Unsere Einwilligung in die Tatsache, dass Leid und Schmerz ein unausweichlicher Bestandteil unserer menschlichen Existenz sind, fällt uns nicht leicht. Meist geht ihr ein längerer intensiver Entwicklungsprozess voraus. Erst wenn wir verinnerlicht haben, dass Freude und Leid, dass Lust und Schmerz einander bedingen wie Licht und Schatten, kommen wir in eine heilsame Berührung mit der Ganzheit des Lebens.

Der vierte „JA-Bereich" beschäftigt sich mit der Gottesfrage. C.G. Jung sagte, er sei keinem Patienten jenseits 35 begegnet, „dessen endgültiges Problem nicht das der religiösen Einstellung wäre." Auch ich glaube, dass letztlich jede Lebenskrise einer Entfremdung vom göttlichen Ursprung entspringt. Heilung kann in dem Maße geschehen, in dem wir den Bezug zu unserem ewigen Wesenskern wiederherstellen, wir unser Leben mit einem übergeordneten Sinn erfüllen und es uns gelingt, selbst schöpferisch an der universalen Schöpferkraft teilzuhaben.

Andreas Nager, Sommer 2017
Kontakt: info@nager.ch


Der Anhang des Buches enthält Informationen zu den genannten oder zitierten Personen und ihren wichtigsten Werken, außerdem Literaturempfehlungen zur Vertiefung der in den einzelnen Kapiteln behandelten Themen.

# KAPITEL 1

## JA zum Fließen und Sich-Wandeln

*„Es soll sich regen, schaffend handeln,*
*Erst sich gestalten, dann verwandeln;*
*Nur scheinbar steht's Momente still.*
*Das Ewige regt sich fort in allem:*
*Denn alles muss in nichts zerfallen,*
*wenn es im Sein beharren will."*
*(Goethe)*

### Einleitung

*„Existenz ist Wandel, Wandel Reifung,*
*Reifung ewige Selbsterneuerung."*
*(Henri Bergson)*

Leben ist stetig fließende schöpferische Bewegung. Alles Seiende ist im Fluss und in kontinuierlichem Wandel. In jedem Augenblick ist immer alles neu. Leben ist ein immerwährender gestalterischer Prozess, der keinen Stillstand kennt. Sein ist Werden. Stete Veränderung ist die Natur aller Dinge. Das Einzige, das sich nie verändert, ist die Veränderung selbst. Leben und Veränderung sind Synonyme. Alles, was ist, ist ein bloßes momentanes Aufblitzen und augenblickliches Wieder-Vergehen. Die einzige Wirklichkeit ist der Augenblick.

Leben ist ein unermüdliches Schwingen von Pol zu Pol. Die ganze Natur – oft mit Ausnahme des Menschen – gibt sich diesem Schwingen widerstandslos hin, folgt ihren natürlichen Rhythmen und Zyklen. Die fließende Unbeständigkeit der Natur ist ein wunderbares Gleichnis für die Grundwahrheit, dass unser Sein niemals wirklich fassbar ist, dass das

Leben in keine greifbare, dauerhafte Gestalt gemeißelt werden kann. Leben ist Pulsation, ist ein ständiges Werden und Vergehen, ein rhythmisches Kommen und Gehen, Öffnen und Schließen, Füllen und Leeren, Anziehen und Abstoßen, Ausdehnen und Zusammenziehen.

Wer versucht, das Leben in seiner Vielschichtigkeit und Größe zu erklären und zu ergründen, wer es mit seinem Verstand begreifen möchte, muss scheitern. Wer das Leben rational erfassen und definieren will, der trennt sich vom Leben ab. Wann immer ich mir einbilde, ich könne das Geheimnis des Lebens entschlüsseln und deuten, muss ich schließlich realisieren, dass ich nur die Oberfläche eines sich dauernd wandelnden Prozesses berühren kann – zu tiefschichtig, komplex und beweglich ist das Leben in seiner ganzen Fülle.

Zu jeder Zeit jedoch kann ich das Leben und mich selbst als Teil davon spüren. Ich kann es sehen, schmecken, riechen, hören, berühren und fühlen..... Wann immer ich mich aufmerksam meiner augenblicklichen sinnlichen Erfahrung widme, erahne ich im Leben einen Sinn. Dann fühle ich mich lebendig und kann das Pulsieren des Lebens als Teil von mir selber spüren und mich ihm anvertrauen.

In solchen Momenten kann ich JA sagen zum Leben als Ausdruck ewigen Wandels, kann ich JA sagen zu ständiger Selbsterneuerung, zum bewegten Tanz zwischen Schöpfung und Vernichtung.....

## Kontrolle und Anhaftung

Das Leben wird häufig mit einem Fluss verglichen, mit einem großen Strom auf seinem Weg zum Ozean. Immerfort ist er in Bewegung. In jedem Augenblick ist er neu, nie kannst Du zweimal in denselben Fluss steigen. Könnte sich der Mensch ohne Wenn und Aber auf das Abenteuer „Leben" einlassen, er würde sich diesem Fluss unverzagt und furchtlos anvertrauen. Wach, neugierig und staunend ließe er sich vom Wasser in Richtung Ozean tragen, dorthin, wo es alle Flüsse hinzieht, dorthin, wo sich alle Flüsse vereinen.

Doch gewöhnlich zieht es der Mensch vor, sich seinen eigenen kleinen, überschaubaren Teich zu graben. Er sucht eine sichere Existenz abseits des bewegten, vermeintlich gefährlichen Lebensflusses, meist ohne zu merken, dass sein Teich wie jedes stehende, unbewegliche Gewässer langsam zu faulen beginnt.

Gerade weil das Leben fortlaufende Veränderung ist, stellt es uns Menschen vor eine immense Herausforderung, denn die Tatsache, dass es dauerndem Wandel unterworfen ist, macht das Leben unkontrollierbar und unberechenbar. Dies steht in krassem Widerspruch zu den zwei Hauptanliegen unseres Ego: Kontrolle und Anhaftung. Unser Ego will tun und es will haben. Es nährt sich aus seinen Vorstellungen, Konzepten und Erwartungen, wie das Leben sein sollte. Es kann sich dem Fluss des natürlichen Wandels nicht hingeben, sondern es möchte - seinen Vorstellungen entsprechend – entweder Veränderung verhindern oder Veränderung willentlich erzwingen.

## Die Angst des Menschen vor Veränderung

Immer, wenn wir etwas festhalten wollen, wenn wir uns gegen die Vergänglichkeit einer Sache oder eines Moments sträuben, ist unser tiefster Beweggrund Angst. Die Angst vor dem Neuen ist die Angst vor dem Unsicheren. Doch die Angst vor dem Unsicheren wiederum ist die Angst vor dem Leben selbst, denn Leben ist nun mal von Natur aus absolut unsicher.

Für unser Ego, das ständig die Illusion von Dauerhaftigkeit und Sicherheit nährt, das dauernd darauf erpicht ist, die Welt unter seine Kontrolle zu bringen, stellt jede drohende Zerstörung bestehender Strukturen eine große Gefahr dar. So ist es stets darum bemüht, jede in der Welt erschaffene Form und Position zu bewahren. Die zentrale Funktion unseres

Ego, das Denken, orientiert sich mit Vorliebe an der Vergangenheit, am Altbekannten, Erinnerten, Gewohnten – sogar dann, wenn dieses keineswegs als behaglich und angenehm empfunden wird. Das Wagnis, ein neues und somit unberechenbares, unsicheres Feld zu betreten, ist unserem Ich meist zu groß. „Einen neuen Schritt zu machen, ein neues Wort zu äußern, das ist es, was die Menschen am meisten fürchten", sagt Dostojewski. Diese lebensverneinende Haltung beraubt uns Menschen der Chance zu Weiterentwicklung und Wachstum.

Wer jedoch das Leben bejaht, fühlt sich, wie Erich Fromm bemerkt, „von Lebens- und Wachstumsprozessen in allen Bereichen angezogen. Er will lieber neu schaffen als bewahren. Er vermag zu staunen und erlebt lieber etwas Neues, als dass er in der Bestätigung des Altgewohnten Sicherheit sucht. Das Abenteuer zu leben, ist mehr als Sicherheit."

Wo immer Entfaltung und Wachstum nicht mehr möglich sind, herrscht Stillstand, Zerfall, Tod. Um wieder das Bild vom sicheren Teich zu benutzen: Wasser, das nicht mehr fließt, wird zu einem faulen, stinkenden Tümpel, in dem kein Leben mehr möglich ist. Wer sich festfährt, sich Wandlung und stetiger Entwicklung widersetzt, wird früher oder später mit Leid oder Krankheit konfrontiert. Aus dieser Perspektive ist jeder Schmerz und jede Erkrankung als Korrekturversuch einer uns tief innewohnenden Intelligenz zu verstehen, die beabsichtigt, Veränderung zu initiieren und uns wieder in Bewegung zu bringen. Die Not lässt sich dann nur noch durch Erneuerung und innere Weiterentwicklung abwenden. Wandlung wird „notwendig". In jedem therapeutischen Kontext sollte es deshalb Priorität sein, den betroffenen Menschen in Richtung innerer Wandlung und Veränderung zu begleiten. Hat sich die Person einmal für die Möglichkeit einer Veränderung geöffnet, ist meist der entscheidende Schritt in Richtung Heilung getan.

Gerade die Vergänglichkeit der Dinge ist es, die auch unseren Vergnügungen ihren speziellen Reiz verleiht und die Schönheiten des Lebens so besonders macht. Nicht umsonst heißt es, man solle dann mit etwas aufhören, wenn es am schönsten ist. Und die Entscheidung, jegliches lustvolles Vergnügen zu meiden, nur weil der Abschied davon weh tut, wäre feige. Es ist die Bewegung, das Kommen und Gehen, das Sterben und Geboren-Werden, das unserem Dasein seine Lebendigkeit verleiht. „Es gehört zu unserem Pensum, die Dinge genießen zu lernen, weil sie unbeständig sind. Das gelingt uns jedes Mal, wenn wir Musik hören. Wir halten nicht einen bestimmten Akkord oder Satz fest und verlangen nicht vom Orchester, diesen den ganzen Abend lang zu wiederholen; ganz im Gegenteil, wie wir auch diesen speziellen Moment der Musik lieben mögen, wir wissen doch, dass seine ständige Wiederholung den Fluss der Melodie unterbrechen und damit zerstören würde." [1]

Leben ist schöpferische Dynamik und alles Statische, das sich gegen Veränderung sträubt, beraubt das Leben seiner Schöpferkraft. Für den kreativen Menschen, der mit der schöpferischen Dynamik des Lebens im Einklang steht, ist das Leben ein immerwährender Geburtsprozess, ein in immer neuen Varianten sich manifestierendes „Stirb und Werde". Auf jeden kleinen Tod folgt eine Neugeburt und bei jeder Neugeburt erklimmt der Mensch eine neue, höhere Sprosse seiner Entwicklungsleiter. Sicherlich: Jedes Abschiednehmen ist begleitet von Schmerz und Wehmut, doch jeder darauf folgende Neubeginn hat seine ihm eigene, ganz besondere Magie und Kraft.

## Das Gesetz der Polarität

„Leben ist Energie in Bewegung", ein unaufhörliches Schwingen von Pol zu Pol. Jedes Menschenleben handelt von der Auseinandersetzung mit einer fast unendlichen Vielzahl von Gegensatzpaaren. Die Begegnung des Menschen mit den Gegensätzen hat ihren Anfang beim ersten Lebensdrama der Menschheitsgeschichte, dem „biblischen Sündenfall", als Adam und Eva vom Baum der Erkenntnis essen. Durch ihre Erkenntnis von Gut und Böse fiel die Welt der Einheit und paradiesischen Symbiose auseinander. Die Welt der Polarität war entstanden und die

Beschäftigung des Menschen mit den vermeintlich einander widerstreitenden Gegensätzen nahm ihren Lauf....

Alle Ausdrucksformen unserer Welt sind dem Gesetz der Polarität unterworfen. Wir brauchen immer einen Kontrast, damit wir etwas wahrnehmen können. Jeder Aspekt dieser Welt wird erst durch seinen Gegensatz Wirklichkeit. Ohne das Positive könnten wir nicht vom Negativen sprechen, ohne das Dunkle könnten wir das Helle nicht erkennen, ohne die Erfahrung von Leid wäre die Erfahrung von Freude undenkbar.

Nie kann ein Pol des Gegensatzpaares isoliert existieren, sie bedingen sich gegenseitig, sind eine untrennbare Einheit. Jeder Pol lebt durch die Existenz seines Gegenpols. Entferne ich den einen Pol, so verschwindet auch der andere. Die beiden Pole eines Gegensatzpaares sind jederzeit dynamisch aufeinander bezogen, in einem dauernden Zusammenspiel. So gibt es kein Einatmen ohne ein Ausatmen, kein Gut ohne ein Böse, keine Kälte ohne Hitze, keinen Käufer ohne einen Verkäufer, keine Gesundheit ohne Krankheit, kein Leben ohne Tod.

Trotzdem sind wir immerzu versucht, uns jederzeit mit ausschließlich einem der zwei komplementären Pole zu identifizieren, nur einen der beiden Pole zu würdigen, uns einer der beiden Seiten zuzuordnen. So machen wir unsere Welt zu einem Kampfplatz von Dualitäten: gut gegen schlecht, schön gegen hässlich, Freude gegen Leid, Körper gegen Geist, Teilchen gegen Welle und so weiter.... Doch gerade die Kommunikation und Kooperation, die Vereinigung der scheinbar gegensätzlichen Pole ist es, die Leben erzeugt und Entwicklung initiiert. So kann beispielsweise ein neues Menschenleben nur durch Vereinigung des männlichen und weiblichen Pols entstehen.

Leben ist Energie im Fluss. Damit Energie fließt, braucht es ein Spannungsfeld zwischen zwei Polen gegensätzlicher Ladung. Dieses polare Feld ermöglicht Bewegung, erschafft Leben. Fruchtbares Leben ist ungehindertes Fließen und Schwingen zwischen den Polen. Doch immer wieder zieht es uns einseitig zu nur einem der beiden Pole. Wir klammern uns an die Lust aus Angst vor dem Leid, an unsere lichte Seite aus Furcht vor unserem Schatten, an jugendliches Aussehen aus Angst vor dem Altern, ans Leben aus Furcht vor dem Tod. Auf diese Weise erstreben wir ein besseres und glücklicheres Leben, ohne zu realisieren, dass unser Antrieb Angst ist. Resultat dieser Taktik ist halbe Lebensfreude, reduzierte Lebenskraft, denn wer einen der Pole unterdrückt, beraubt das Leben seiner Ganzheit.

Männlich und weiblich beispielsweise bedingen einander wie Licht und Dunkelheit. Trotzdem hat das weibliche Prinzip in unserer Gesellschaft einen schweren Stand. Das Weibliche wird assoziiert mit dunkel, negativ, unbewusst, passiv, nachgiebig, verletzlich – alles Attribute, die in unserem Denken meist einen schlechten Ruf haben. Viel lieber identifizieren wir uns mit dem männlichen, dem hellen, positiven, bewussten, aktiven, standhaften Pol. Doch genau so wie die Dunkelheit den Raum für die Sterne zum Leuchten bildet, so ist das Weibliche der nährende Boden für alles Leben.

Immer wieder zieht es uns zum hellen, konstruktiven Pol – zu Licht, Leben und Sommer, zu Freude und Gesundheit. Den Gegenpol versuchen wir wenn möglich zu meiden. Das Leben aber sucht jederzeit den Ausgleich, es strebt nach einem Gleichgewicht zwischen den zwei Polen. Je größer das Ungleichgewicht ist, umso vehementer meldet sich früher oder später der unterdrückte, abgespaltene Pol. Die beiden Pole streben stets nach Vereinigung und wer nur auf den einen fixiert ist, ruft unweigerlich den andern auf den Plan – meist auf unangenehme und schmerzhafte Art.

Wer JA sagt zum Leben, sagt JA zum Gesetz der Polarität. Aufforderung des Lebens an uns ist es also, uns immer von neuem an die innere Einheit der Gegensätze zu erinnern und zu erkennen, wenn wir sie auseinander reißen, wenn wir uns in einem der Pole festfahren. Unsere Aufgabe heißt „Meditation", das Finden der Mitte - durch Vereinigung und Transzendierung der Gegensätze. Nur durch das Erfahren des Kontinuums, das sich vom einen Pol zum andern erstreckt, durch die Begegnung mit dem mysterium coniunctionis, dem Geheimnis der Gegensatzvereinigung, können wir das Himmelreich auf Erden finden. Im Thomas-Evangelium heißt es dementsprechend: „Jesus sagte zu ihnen: Wenn ihr aus den zweien eines macht, und wenn ihr das Innere wie das Äußere und das Darüber wie das Darunter, und wenn ihr aus dem Männlichen und dem Weiblichen eines macht, dann werdet ihr ins Himmelreich eingehen."[2]


## Die Furcht vor dem Tod

*„Der Tod gehört zum Leben wie die Geburt.*
*Das Gehen vollzieht sich im Heben wie im Aufsetzen des Fußes."*
*(Tagore)*

Ein lebensdienlicher Umgang mit den Polaritäten ist immer von neuem eine große Herausforderung für uns Menschen. Mit Vorliebe versuchen wir, die Auseinandersetzung mit ganz bestimmten Gegensatzpaaren zu meiden und oft sind es gerade die großen Lebensfragen, denen wir ausweichen. Viel lieber lassen wir uns von Nichtigkeiten in Beschlag nehmen und verlieren uns in den kleinen Dramen des Alltags.
Eine essentielle Auseinandersetzung, der wir gerne so lange wie nur möglich aus dem Weg gehen, ist die Konfrontation mit unserer Sterblichkeit, mit dem eigenen Tod. Unsere Vergänglichkeit ist das einzige „todsichere" Faktum unseres Lebens. Doch trotz dieser Gewissheit trägt jeder von uns tief in sich die Sehnsucht nach einem ewigen Leben, nach einem Sieg über den Tod. Unser Hunger nach dem Leben führt oft zu einer Verdrängung der unabwendbaren Tatsache, dass wir es alle früher oder später loslassen müssen. Und je stärker wir uns ans Leben wie an einen Besitz klammern, umso mehr wächst unsere Furcht vor dem Tod. Am ehesten noch können wir uns mit dem drohenden Ende unseres physischen Daseins, mit der Sterblichkeit unseres Körpers, abfinden. Vielmehr hingegen fürchten wir das Ende unseres „Ich", das Ende unseres psychischen Daseins. Unser Ich sträubt sich hartnäckig, sich dem

Tod hinzugeben. Es lebt in dauernder Furcht davor, loszulassen, was es im Verlaufe des Lebens erlebt, erschaffen und sich angeeignet hat. Die Vorstellung, unsere Identität zu verlieren und „nichts " mehr zu sein, bereitet uns panische Angst.

Ich denke, unsere Furcht vor dem Tod ist in mancher Hinsicht identisch mit der Furcht vor dem Unbekannten, dem Ungreifbaren, Unergründlichen. Vielmehr noch ist sie aber die Furcht vor der Auflösung jeglicher Form, davor, alles loszulassen, mit dem wir uns ein Leben lang identifiziert haben. Wenn wir alles mitnehmen könnten, unsere Erinnerungen, unsere Liebsten, unsere Besitztümer, unser Ansehen, unser Wissen, so würde der Tod wohl über weite Strecken seine Bedrohung verlieren. Während auf der einen Seite viele Menschen nahezu krampfhaft darum bemüht sind, die Unabwendbarkeit ihrer persönlichen Endlichkeit auszublenden, begegne ich auf der anderen Seite in meinem Beruf als Therapeut vermehrt Menschen mit einer großen Todessehnsucht. Bei genauerer Betrachtung jedoch entpuppt sich ihre Todessehnsucht als Lebenssehnsucht. Zutiefst nämlich ist sie Ausdruck eines unerfüllten Herzenswunsches, schöpferisch und gestaltend an der Welt teilzuhaben. Sofern der betroffene Mensch dies erkennt und wieder zunehmend in Kontakt mit seiner kreativen Ader kommt, kann es zu einem Sinneswandel kommen, der es ihm ermöglicht, wieder zurück ins Leben zu finden.

Unermüdlich erteilt das Leben dem Menschen kleinere oder größere Lektionen in Sterbekunst. Wie? Zum Beispiel beim Tod ihm nahe stehender, geliebter Menschen. Oder wenn es ihn zwingt, angesichts einer eigenen schweren Erkrankung dem Tod ins Auge zu schauen. Dann wird das Leben selbst  zum Lehrmeister und Bewusstmacher seiner Vergänglichkeit. Vielleicht erst durch die Nähe des drohenden Todes kommt er in Berührung mit seinem Lebenswillen und beginnt zu spüren, wie lieb und wertvoll ihm das Leben eigentlich ist.

Je unmittelbarer und bewusster wir uns mit unserer eigenen Vergänglichkeit auseinandergesetzt haben, umso weniger unheimlich und bedrohlich erscheint uns der Tod. In der Folge können wir auch im Leben mutiger und beherzter agieren – ohne die dauernde hemmende Sorge über all das, was uns zustoßen könnte. Wer gelernt hat, die Vergänglichkeit aller Dinge anzunehmen, insbesondere die Vergänglichkeit seiner individuellen Ich-Persönlichkeit, der wird auch, wenn seine Zeit gekommen ist, die Schwelle in eine andere Dimension widerstandsloser und furchtloser überqueren können. Er hat verinnerlicht, dass Leben und Tod eine Einheit bilden, dass Sterben und Wiedergeboren-Werden zusammengehören wie die zwei Phasen unserer Atmung. „Bei jedem Ausatmen bedingungslos dem Tod nachgeben heißt, mit jedem Einatmen wiedergeboren zu werden. Andererseits bedeutet das Zurückweichen vor dem Tod und der Vergänglichkeit jeden Augenblicks ein Zurückweichen vor dem Leben jedes Augenblicks, da beide ein und dasselbe sind."[3]

## Vom Sich-Einbetten und Sich-Trennen

Bei genauerer Betrachtung unserer großen Lebensrhythmen entdecken wir folgende spannende Dynamik: Phasen des Sich-Einnistens an einem sicheren Ort der Geborgenheit wechseln sich ständig ab mit Phasen der Loslösung von diesem sicheren Ort. Das ‚Stirb und Werde' unseres Lebens drückt sich aus in einem Wechselspiel von Eingebettet-Sein und Trennung.

Immer wieder zieht es uns in die Regression, wollen wir uns an einem sicheren Ort des Genährt-Werdens niederlassen, sehnen wir uns nach einem Zustand von Verschmelzung und Symbiose. Aus diesen Phasen schöpfen wir ein Gefühl von Sicherheit, sie dienen der Regeneration und dem Aufbau neuer Lebensenergie. Doch diese neue Lebenskraft möchte früher oder später in Bewegung kommen, sie möchte expandieren und Neues erschaffen. Irgendwann wird der sichere Raum zu eng.

Die Energie drängt nach außen, sucht Neues, verlangt nach Wachstum, nach Autonomie, nach Progression. Wer zu lange am geschützten Ort verweilt, droht zu erschlaffen. Das Leben sehnt sich nach neuen Räumen, fordert uns immer wieder heraus, neue Bereiche zu betreten, zu beleben, zu erforschen. Nur so sind Entwicklung und Wachstum möglich.

Das Wechselspiel von Sich-Einbetten und Sich-Trennen widerspiegelt sich in eindrücklicher Weise in unserem ganzen Entwicklungsprozess. Bereits bei der Konzeption nimmt es seinen Anfang und begleitet uns in der Folge durch unser ganzes Leben. Beim Zeugungsakt müssen die männlichen Spermien sowie das weibliche Ei ihren vertrauten Raum verlassen und finden sich plötzlich in einem unbekannten Gebiet wieder. Obwohl im neuen Raum anfangs vielleicht eine gewisse Orientierungslosigkeit herrscht, kennen doch beide instinktiv ihren Weg. Nach der Befruchtung streben sie danach, sich an einem neuen schützenden Ort, in der Gebärmutter wieder einzubetten. Doch nach neun Monaten wird auch dieser Ort zu eng, eine neue Trennung steht an: die Geburt. Der sichere Ort von Schutz und geborgener Verbundenheit hat immer eine große Anziehungskraft. Wohl deshalb müssen im Moment der Trennung oft sehr explosive Kräfte am Werk sein. Meist scheint es nur so möglich, vom Alten loszukommen. Demgemäß ist die Trennung nicht selten ein recht schmerzhafter und dramatischer Kraftakt, so auch die Geburt.

Kaum sind wir geboren, wird von neuem ein sicherer Raum für uns geschaffen, in welchem Schutz und Geborgenheit gegeben sind. Das Neugeborene sucht nach Nestwärme im Eingebettet-Sein bei seiner Mutter und im behüteten Elternhaus. Und so nimmt das Wechselspiel seinen Lauf, denn spätestens in der Pubertät ist die nächste Trennung angesagt und wieder müssen explosive und oft aufrührerische Kräfte am Werk sein, damit der junge Erwachsene sich von seinen Eltern ablösen kann. In der Folge baut sich der erwachsene Mensch sein eigenes Nest, gründet möglicherweise eine Familie. Er festigt seine Werte und Vorstellungen vom Leben und bettet sich darin ein. Doch nicht selten steht auch zur Lebensmitte eine erneute Trennungsphase und Wende an. Wieder wird der Mensch aus seinem sicheren Raum herausgefordert. Vielleicht ist es diesmal seine Seele, die ihn auffordert, die sicheren, altgedienten Räume zu verlassen, um neue – diesmal vor allem innere - Räume zu entdecken und zu erforschen.

## Die Lebensmitte

C.G. Jung vergleicht den Lauf des Lebens mit dem Gang der Sonne. Der Sonnenaufgang am Horizont entspricht in diesem Gleichnis unserer Geburt. Im Verlauf des Morgens scheint die Sonne mit stetig zunehmender Kraft auf die Erde, um am Mittag ihren höchsten Stand und ihre höchste Strahlkraft zu erreichen. Diesem Bild entsprechend liegt die Aufgabe unserer ersten Lebenshälfte darin, ein autonomes, starkes und eigenverantwortliches Ich zu entwickeln, das den Anforderungen und Aufgaben der äußeren Welt gewachsen ist. Wir richten unsere Aufmerksamkeit und Lebenskraft in erster Linie auf die äußere Realität, streben nach Sicherheit, Beziehung und beruflichem Erfolg, widmen uns vorwiegend der Erfüllung unserer materiellen und sozialen Wünsche. Wir erkennen und erfahren uns über weite Strecken in der Projektion, unser Innen wird vom Außen geprägt.

So wie die Sonne einen Bogen beschreibt und nach dem Kulminationspunkt am Mittag wieder zu sinken beginnt, kann auch unser Leben nicht in einer stetig aufwärts steigenden Linie verlaufen. Nach dem Mittag beginnt der Untergang, die Sonne zieht ihre Strahlen mehr und mehr von der Welt zurück. Auch für den Menschen stellt sich in der Lebensmitte die Aufgabe, sich in wachsendem Maße bewusst mit seinem Untergang, mit seinem Rückzug aus der Welt auseinanderzusetzen. Nun ist er dazu aufgefordert, die Aufmerksamkeit zunehmend von der äußeren Welt zurückzuziehen und auf seine Innenwelt zu richten, in sich hineinzuhören und zu spüren, was seine Seele an innerer Entwicklungsarbeit von ihm fordert.

Entwicklung ist keineswegs nur eine Forderung der ersten Lebenshälfte, sondern vielmehr ein lebenslanger Prozess, der eine dauernde Bereitschaft zu innerem und äußerem Wandel und Veränderung verlangt. Dieser Umstand ist für uns nur mit Mühe zu akzeptieren, verlangt er doch, altvertraute, uns lieb gewonnene Identifikationen und Überzeugungen radikal zu hinterfragen und zu korrigieren. So braucht es oft eine innere Not, eine „midlife crisis", die eine Lebenswende notwendig macht und manche in ihrer Lebensmitte für einen Wandel nach innen öffnet. Bei anderen wiederum führt die Krise zu einer Verhärtung der alten Lebenseinstellung. Sie stürzen sich noch ungestümer ins Außen als zuvor. Die Wende nach innen findet gar nie statt.

Eine unserer großen Lebensaufgaben besteht also darin, in unserer Lebensmitte die angesagte Wende nach innen zu vollziehen und uns vermehrt dem „Sein" zu widmen als dem „Tun". Der Versuch, der zweiten Lebenshälfte mit den Strategien und Richtlinien der ersten Lebenshälfte zu begegnen, steht in beträchtlichem Widerspruch zum von Natur aus gegebenen Vorwärtsdrang unserer Seele, ihrem Wunsch nach innerem Wachsen, nach vermehrter Stille und Introversion und nicht zuletzt auch bewusster Einstellung und Vorbereitung auf den Tod. C.G. Jung sagt: "Wir können den Nachmittag des Lebens nicht nach demselben Programm leben wie den Morgen, denn was am Morgen viel ist, wird am Abend wenig sein und was am Morgen wahr ist, wird am Abend unwahr sein."[4]

Zentraler Inhalt der zweiten Lebenshälfte sollte vor allem die wachsende Kontaktaufnahme mit dem Unbewussten sein, die Bewusstmachung und Integration unserer bisher ungelebten, unbewusst gebliebenen Wesensanteile und eine zunehmende Annäherung an die transpersonale Dimension unseres Daseins. Die Orientierung an all den weltlichen Verlockungen und Pflichten darf zurücktreten; endlich sind wir nur noch uns selbst und unserem spirituellen Wachstum verpflichtet. So erwacht in uns meist erst nach besagter Lebenswende ein echtes religiöses Interesse, wobei das Wort „religiös" dabei nicht im Sinne einer Zugehörigkeit zu einer bestimmten Konfession zu verstehen ist, sondern vielmehr in seinem ursprünglichen Sinn von Rückverbindung (vom lat. „re" und „ligere"). Nicht mehr die Geschäftigkeit und Vielfalt der Welt haben dann die größte Anziehungskraft auf uns, sondern die uns allen innewohnende tiefe Sehnsucht nach Frieden in der Rückverbindung mit unserem spirituellen Ursprung.

## *Übergänge*

In einer Welt des ewigen Fließens und der fortwährenden Veränderung haben Übergänge eine große Bedeutung. Wer das Lebensprinzip des dauernden Wandels bejaht, muss stets von neuem bereit sein, Altes zu verlassen und Neuland zu betreten. Übergänge sind bedeutsame Schnittstellen zwischen etwas Überdauertem, Gewohntem, das zu Ende geht und einem Neuanfang. Diese Schwellen oder Brücken von einem alten Raum in einen neuen wollen achtsam und wach überquert werden. Der alte Zyklus möchte jeweils bewusst zum Abschluss gebracht werden, bevor ein neuer Zyklus in Angriff genommen werden kann.
Alle bedeutenden Übergänge sind Zeitabschnitte, in denen eine Verwandlung stattfindet. Sie verlaufen gewöhnlich in drei Phasen, die ich den „Abschied vom Alten", den „Gang durchs Niemandsland" und die "Ankunft im Neuen" nennen möchte. Eindrückliche Metaphern für diese drei Verwandlungsphasen bieten uns die Geburt eines Babys, sowie die Metamorphose der Raupe zum Schmetterling. Diese beiden Vorgänge sollen in der näheren Betrachtung der drei Phasen als Analogie mit einbezogen werden.

Phase 1 dreht sich ums Abschiednehmen vom Alten und Überlebten. Abschiednehmen bedingt unsere Einwilligung, Altes loszulassen, damit

Raum für Neues entsteht. Diese Einwilligung geben wir oft nur ungern, denn im Gewohnten fühlen wir uns sicher. Unter Umständen muss der innere Druck sehr groß werden, bis wir uns für eine Veränderung öffnen. Nicht selten braucht es eine Krise (vom griechischen „krinein" = trennen, (unter)scheiden), die uns vor Augen führt, dass wir an einem Wendepunkt angelangt sind, eine Entscheidung treffen, vom Alten scheiden müssen. Haben wir diesen inneren Schritt einmal gemacht, kann uns ein Abschiedsritual helfen, den zu Ende gehenden Zyklus bewusst und achtsam abzuschließen.

Beim biologischen Geburtsprozess kündet sich Phase 1 durch beginnende Geburtswehen an. Der alte Raum wird für den Fötus zu eng, er hat keine Bewegungsfreiheit mehr. Durch die Ausschüttung bestimmter Hormone gibt er den Startschuss zur Geburt, die Gebärmutterkontraktionen setzen ein.

Die erste Phase der Metamorphose von der Raupe zum Schmetterling wird durch eine letzte Häutung der Raupe eingeleitet, bevor sie mit der Verpuppung beginnt.

Phase 2 ist der Gang durchs Niemandsland. Sie ist über weite Strecken geprägt von Orientierungslosigkeit und einem starken Gefühl des Kontrollverlusts. Es ist die Phase der Formlosigkeit – die alte Form hat sich aufgelöst, die neue Form ist noch nicht klar erkennbar. Das macht Angst. Wir empfinden vielleicht ein Gefühl von Stillstand. Ein Zurück ist nicht möglich, aber scheinbar auch kein Vorwärts. In diesem Abschnitt des Übergangs müssen wir lernen auszuharren, im Vertrauen, vom Leben geführt zu sein. Es ist der Gang über die Schwelle, unter Umständen auch der Kampf mit dem „Hüter der Schwelle" – mit unseren „inneren Dämonen" und Ängsten. Möglicherweise fühlen wir uns wie beim Graben eines Tunnels. Rund um uns herrscht Finsternis, doch der Durchbruch ans Licht kann jederzeit erfolgen.

In diesem Zwischenraum sind die Grenzen zwischen sinnlicher und übersinnlicher Welt meist durchlässiger als sonst. Dies zeigt sich deutlich an einem gesteigerten Traumleben, an höherer Inspiration, aber auch an einer verstärkten Sensitivität und Verletzlichkeit. So werden seit Urzeiten in allen Kulturen bestimmte Übergänge wie beispielsweise Silvester, Halloween oder die Sommersonnenwende als heilige Grenzbereiche zwischen zwei Welten oder Räumen feierlich begangen und zelebriert.

Beim Geburtsprozess bezeichnet die zweite Phase den beschwerlichen Weg durch die Enge des Geburtskanals. Der Fötus ist immer wieder starken Kontraktionen ausgesetzt. Gewaltige Kräfte werden freigesetzt. Sie drängen ihn vorwärts in Richtung Ausgang, hin zum Licht eines neuen, weiten Raumes.

Sämtliche Organe der verpuppten Raupe werden in Phase 2 abgebaut und zu Schmetterlingsorganen umgeformt, dabei transformiert sich die äußere Gestalt des Tieres vollständig. In diesem Abschnitt geschieht die eigentliche Verwandlung. Da der entstehende Falter in diesem Stadium wehrlos und sehr verletzlich ist, muss er eine gut getarnte Schutzhülle aufweisen.

Phase 3 ist die Ankunft im Neuen. Oft beginnt sie ganz plötzlich und unerwartet. Obwohl wir noch auf neuem Terrain wandeln, das Schritt für Schritt erforscht und integriert werden möchte, fühlen wir uns wie neugeboren. Wir sehen wieder klar, sind hellwach und voller Tatendrang. Jeder Neubeginn hat seine ganz besondere Magie. Mit Hermann Hesses Worten: "Und jedem Anfang wohnt ein Zauber inne, der uns beschützt und der uns hilft zu leben."

In der dritten Phase des biologischen Geburtsvorgangs, der Entbindungsphase, ereignet sich die eigentliche Geburt. Das Neugeborene hat den Durchbruch aus der dunklen Enge des Geburtskanals in die lichtdurchflutete Weite der neuen Welt vollzogen. Dem Gipfelpunkt von Schmerz und Anspannung folgt die erlösende Entspannung. Mit der Durchtrennung der Nabelschnur geschieht abschließend die physische Trennung vom alten Raum.

In Phase 3 der Entstehung des Schmetterlings durchbricht der nun vollständig entwickelte Falter die Puppenhülle und zwängt sich ins Freie.

Nach einer kurzen Akklimatisation an seine neue Umgebung startet er zu seinem ersten Flug.


## Das Lebensdrama

Nach ursprünglichem hinduistischem Verständnis kann man sich die Welt als eine große Bühne vorstellen, auf der sich eine gigantische Tragikomödie abspielt: das Drama des Lebens. Die ganze Welt ist „Maya", was soviel bedeutet wie: Illusion, Magie, Spiel. Auch wenn die Vorstellung, unser Leben könnte nicht mehr als ein illusionäres Spiel sein, uns westliche Menschen vorerst befremdet, so scheint es uns bei genauerer Betrachtung nicht abwegig, das Leben mit einem grandiosen Schauspiel zu vergleichen.

In vielen Belangen nämlich gleicht unser Leben einem Drama in mehreren Akten. Wir nennen sie Geburt, Kindheit, Adoleszenz, Erwachsenenzeit, Alter, Tod. Jeder dieser Akte hat seine eigenen Höhepunkte, hat seine Herausforderungen, Konflikte und potenziellen Krisen, nimmt uns gefangen, weckt unsere Emotionen, transportiert eine Botschaft. Jeder Akt dreht sich um formbildende schöpferische Prozesse, die sich durch Überwindung von Hindernissen, durch Auseinandersetzung mit polaren Spannungsfeldern entwickeln möchten. Jeder Lebensakt fordert uns heraus, in Bewegung zu sein und immer neue kreative Kräfte zu entfalten und auszudrücken.

Immer von neuem konfrontiert uns das Schauspiel namens „Leben" mit neuen Abenteuern, Herausforderungen und Störfaktoren, es rüttelt uns wach, wenn wir zu erschlaffen oder einzuschlafen drohen. Würde immer alles problem- und reibungslos ablaufen, so wäre das Drama kein Drama, das Spiel würde eintönig, belanglos und ohne Spannung. Doch ohne Spannung und Druck gäbe es keine Veränderung, kein Wachstum, es entstünden keine neuen Formen, es könnte keinerlei fruchtbare

Entwicklung stattfinden.

Wann immer wir emotional in der Handlung des Dramas gefangen sind, kann uns alles, was uns geschieht, chaotisch, überwältigend und ohne jeglichen sinnhaften Zusammenhang erscheinen. Mit etwas Abstand jedoch, wenn wir in stillen Augenblicken Rückschau halten auf die vergangenen Akte unseres Lebens, erkennen wir ganz unerwartet in vielen verflossenen Erlebnissen, Begebenheiten und Begegnungen einen Sinn, der uns zuvor verborgen war. Dann kann es uns erscheinen, als ob alles, was wir erlebten und was uns geschah, ganz selbstverständlich und durchwegs stimmig sei - wie von unsichtbarer Hand zielgerichtet und sinnvoll inszeniert. Und wir fragen uns vielleicht, wer wohl der Autor und Regisseur dieser einzigartigen Geschichte sein könnte...


## *Das energetische Weltbild*

Könnte es etwa doch sein, dass unser Universum mehr ist als eine bloße Ansammlung getrennt existierender Materieteilchen? Dass alles auf wundersame Weise miteinander verknüpft ist, aufeinander einwirkt und durch einen tieferen Sinn zusammengehalten wird? Solche Fragen und ähnliche begannen sich sogar hartgesottene, mechanistisch orientierte Physiker zu stellen, nachdem sie mit ihren Forschungen erstmals in die wundersame Welt der Quanten vorgedrungen waren.

„Der erste Schluck aus dem Becher der Naturwissenschaften macht atheistisch, aber auf dem Grunde des Bechers wartet Gott." Aus diesem berühmten Zitat des Quantenphysikers Werner Heisenberg können wir schließen, dass auch anfangs ungläubige Quantenphysiker so überwältigt waren vom Schauspiel, das sich ihnen bei der Beobachtung der subatomaren Dimension bot, dass sie sich gezwungen fühlten, ihr ganzes Weltbild umzukrempeln.

Wer in die Welt der Quanten und Quarks eintaucht, kann erfahren, wie dort alles pausenlos zwischen Sein und Nicht-Sein fluktuiert. Elementarteilchen tauchen auf, um im selben Augenblick wieder zu verschwinden. Sie werden aus dem „Nichts" erschaffen, um augenblicklich wieder vom „Nichts" verschluckt zu werden. Woher kommen sie? Wer hat sie erschaffen? Was ist dieses „Nichts", diese Leere, dieser mysteriöse Raum, aus dem sie auftauchen und in dem sie wieder verschwinden? Aus der Perspektive der Quantenebene ist das ganze Universum ein unaufhörliches Schwingen zwischen Schöpfung und Vernichtung. Alles löst sich ständig auf, um im selben Augenblick wieder neu zu entstehen. „Flüchtige Formen blitzen plötzlich in die Existenz und wieder aus ihr heraus und schaffen eine niemals endende, immer neu sich erschaffende Wirklichkeit."[5] Die Welt ist aus subatomarer Sicht ein dauerndes Geborenwerden und wieder Sterben. Die Welt ist ein immerwährender Schöpfungsakt!

Die Quantenphysik bestätigt auf eindrückliche Weise das permanente Fließen und Sich-Wandeln der Realität: Es gibt keine feste Materie, alles ist Energie. Doch nach wie vor orientiert sich der Großteil der Menschheit bevorzugt am alten mechanistischen, Newtonschen Weltbild, welches davon ausgeht, dass alle Materie aus festen, von einander unabhängigen, beweglichen Teilchen besteht. Der Glaube an die Festigkeit aller Materie scheint dem Menschen ein Gefühl von Sicherheit und Kontrollierbarkeit zu vermitteln – deshalb wohl der Widerstand vieler Menschen, ihre Sichtweise einem energetischen Weltbild gegenüber zu öffnen. Wir glauben einfach lieber an das, was „fest steht", das heißt, an das, was wir mit Hilfe unserer fünf Sinne und unserem „gesunden Menschenverstand" wahrnehmen und greifen können.

Die Erkenntnisse der modernen Physik, vor allem Einsteins Relativitätstheorie und Heisenbergs Quantentheorie, zeichnen ein gänzlich neues Bild der Realität. Am meisten erschüttert wurde das materielle Weltbild durch die Erkenntnis der Quantenmechanik, dass die Grundsubstanz des Universums nicht Materie ist, sondern Energie, deren Ursprung wir nicht zu ergründen vermögen. Die herkömmliche Vorstellung von getrennt existierenden Materieteilchen in Zeit und Raum wurde dadurch radikal über Bord geworfen.

Eine der bahnbrechendsten Einsichten der Quantenphysik ist die Tatsache, „dass die Bestandteile der Materie und die daran beteiligten Grundphänomene alle zusammenhängen, zueinander in Beziehung stehen und voneinander abhängen; dass sie nicht als isolierte Einheiten, sondern nur als integrierte Teile des Ganzen verstanden werden können."[6] Es gibt im ganzen Universum dementsprechend keine isolierten Ereignisse. Alles interagiert, ist vernetzt, wirkt aufeinander ein, beeinflusst sich gegenseitig. Die ganze Schöpfung ist ein gigantisches Netzwerk von wechselseitigen Beziehungen, die auf unfassbare Weise zusammenspielen. So lässt sich auf subatomarer Ebene keine objektive Beschreibung der Natur mehr machen, weil die beobachtete Natur in dauernder Wechselwirkung mit dem Beobachter ist und je nach Beobachter verschieden zu agieren und reagieren scheint. Nie steht der Beobachter auf unbeteiligte Weise außerhalb des Beobachteten. Vielmehr ist er zu jeder Zeit Teilnehmer und als solcher in jeden Beobachtungsgang mit einbezogen. Das Bewusstsein des Beobachters scheint einen fundamentalen Einfluss darauf zu haben, wie sich die beobachtete Natur verhält. Können wir daraus schließen, dass wir durch unser Bewusstsein zu jeder Zeit Mitschöpfer unserer Realität sind? Und hat die Entwicklung des menschlichen Bewusstseins einen unmittelbaren Einfluss auf die weitere Entwicklung der Wirklichkeit?

## Die Evolution des Bewusstseins

*„Das Auge sieht nur, was der Geist bereit ist zu sehen."*
*(Henri Bergson)*

Unsere Wirklichkeit ist ein fortwährendes schöpferisches Werden und Sich-Entwickeln. Allem, was existiert, wohnt eine Kraft inne, die vom Einfachen zum immer Komplexeren drängt. So nimmt auch das menschliche Bewusstsein im Laufe der Evolution immer komplexere und differenziertere Formen an.

Der Prozess der Evolution beschreibt die Entwicklung eines stetig wachsenden Bewusstseins. Bewusstsein „schläft im Stein, atmet in der Pflanze, träumt im Tier und erwacht im Menschen."[7] Die bisher höchst entwickelte Emergenz dieses schöpferischen Entwicklungsgangs ist der Mensch, denn das menschliche Bewusstsein besitzt die einzigartige Fähigkeit, sich seiner selbst bewusst zu sein und folglich schöpferisch auf den weiteren Verlauf seiner eigenen Evolution einzuwirken.

Die Frage nach der Entstehung und Entwicklung unseres Universums beschäftigt die Menschen seit Urzeiten. Gemäß den Legenden und Mythen der meisten Urvölker in Ost und West war die Welt das Resultat eines großartigen Selbstschöpfungsprozesses. Diese Vorstellung wurde bei uns im Westen mit dem Aufschwung der monotheistischen Religionen (Christentum, Judentum und Islam) über Bord geworfen und durch die biblische Schöpfungsgeschichte ersetzt. Laut Altem Testament wurde die Welt von einem allmächtigen Gott so erschaffen, wie wir sie heute antreffen. Nach der Aufklärung geriet diese kreationistische Sichtweise ins Wanken. Charles Darwins Evolutionstheorie von der Entstehung der Arten erschütterte das alte Weltbild und ist noch heute für viele das Maß aller Dinge. Für die Verfechter des Darwinismus ist die lebendige Welt das Resultat zufälliger Mutationen und natürlicher Auslese - ohne jeglichen Plan und ohne einen tieferen Sinn.

Die moderne Naturwissenschaft liefert uns zurzeit folgende Darstellung von der bisherigen Entwicklung des Universums:

Alles begann mit dem Urknall vor rund 14 Milliarden Jahren.

Bei dieser unvorstellbar gigantischen Explosion entstanden in einem einzigen Augenblick aus dem „Nichts" heraus alle Elementarteilchen des Universums. (Was dieses „Nichts" ist, was vor dem Urknall war und ob überhaupt etwas war, bleibt ein Geheimnis.) Aus den Elementarteilchen formten sich in einem langen Prozess immer klarere und differenziertere Strukturen von Materie. Dabei entstanden die Galaxien und ihre Sterne – die Kosmologen gehen von der unfassbaren Zahl von mehreren hundert Milliarden Galaxien aus, von denen jede rund hundert Milliarden Sterne beherbergt, unter ihnen auch unser Sonnensystem mit seinen Planeten.

Der erste evolutionäre Quantensprung ereignete sich vor rund 3,5 Milliarden Jahren mit der Entstehung des Lebens. Im weiteren Verlauf der Evolution entwickelten sich aus einfachsten Lebensformen immer komplexere Lebewesen. Mit der Entwicklung der ersten Nervensysteme begannen sie, ihre Umwelt wahrzunehmen und zu spüren.

Der zweite Quantensprung der Evolution war schließlich das Auftauchen des Menschen und mit ihm die Geburt des Geistes. Mit einem Mal war das Universum - durch den Menschen - dazu fähig, über sich selbst zu reflektieren und dem Leben von innen her zu begegnen, denn „der Mensch blickt nicht nur um sich, sondern auch in sich! Er weiß als einziger, dass er weiß. In ihm blickt das Bewusstsein des Kosmos erstmals in einen Spiegel."[8] Die Auswirkungen dieses gewaltigen evolutionären Durchbruchs beschreibt Teilhard De Chardin mit folgenden eindrücklichen Worten: „Das Wesen, das das Subjekt seiner eigenen Reflexion ist, wird durch dieses Schauen seiner selbst mit einem Schlag dazu fähig, sich in eine neue Sphäre zu erheben. In Wirklichkeit wird eine neue Welt geboren. Abstraktion, Logik, Entscheidungen und Erfindungen der Vernunft, Mathematik, Kunst, Berechnung von Raum und Zeit, Ängste und Träume der Liebe – all diese Aktivitäten des inneren Lebens sind nichts anderes als das Aufschäumen dieses neu gefundenen Zentrums, wenn es in sich selbst überfließt."[9]

Was für unerschöpflich kreative Wirkkräfte müssen am Werke sein, dass sich aus einer undefinierbaren Suppe aus Wasserstoffatomen im Laufe der Zeit Galaxien, Sterne und Planeten entwickeln können, auf denen allmählich Leben entsteht, das sich schließlich seiner selbst bewusst wird und dadurch in der Lage ist, selbst aktiv den weiteren Verlauf der Evolution mitzuprägen! Wenn ich mir dieses Wunders gewahr werde und dabei auf meine Intuition höre, so erscheint mir die Vorstellung, dass dieser Prozess rein zufällig, nicht zielgerichtet und ohne tieferen Sinn sein könnte, völlig absurd. Sofern jedoch das Universum eine Absicht hat, sofern die Evolution einer Richtung und einem sinngebundenen Zweck folgt, dann stellt sich die Frage: Wie könnte es weitergehen? Auf welches Ziel hin bewegt sich die Evolution?

Wenn wir einen kurzen Blick auf die Weltanschauung der großen evolutionären Philosophen werfen - allen voran Teilhard De Chardin, Sri Aurobindo und Ken Wilber - dann fällt uns auf, dass sie sich in folgenden Punkten durchgehend einig sind:

Die Wirklichkeit setzt sich aus verschiedenen Seinsebenen zusammen, die sich von der Materie über das Leben zum Geist entwickelt haben.

Jede Entwicklungsebene transzendiert die ihr vorausgegangenen Ebenen und schließt sie gleichzeitig mit ein.

Die Evolution ist keineswegs schon abgeschlossen.

Die Evolution ist weder zufällig noch ziellos, sondern hat „eine ihr innewohnende Ausrichtung, einen geheimen Impuls in Richtung einer Vermehrung der Tiefe, des inneren Wertes und des Bewusstseins."[10]

Im Verlauf ihrer weiteren Entwicklung strebt die Evolution immer mehr zum Absoluten, zum Göttlichen hin.

Gott ist keine feststehende Größe, sondern vielmehr ein Prozess. Alle Erscheinungen des Universums sind in Entwicklung begriffene Manifestationen des einen göttlichen Bewusstseins. Mit den Worten des integralen Denkers Steve McIntosh: „Wenn es wirklich einen GEIST in diesem Universum gibt, dann kann die alles umfassende, immer gegenwärtige Aktivität evolutionärer Entwicklung in diesem Sinne als die grundlegende spirituelle Praxis des Universums erkannt werden."[11]

## Durchbruch nach vorn

Leben ist ewiges Fließen und Sich-Wandeln. Sich mutig und vertrauensvoll auf die Wandelbarkeit allen Seins einzulassen und in den dynamischen, dauernd sich verändernden Strom des Lebens einzutauchen, ist Ausdruck wahrer Lebensbejahung. Nur so können wir die wundervolle Erfahrung machen, behütet und vom Leben getragen zu sein. Nur so können wir Sinn erfahren und ein tiefes Vertrauen in die Zukunft finden.

Immer wird das Phänomen „Leben" über weite Strecken ein Mysterium bleiben. Unser JA zum Leben ist unsere Einwilligung, uns vor diesem unermesslichen Geheimnis zu verneigen – voller Staunen und in großer Dankbarkeit, dass wir empfangend und gestaltend zugleich daran teilhaben dürfen.

Leben ist Entwicklung, ist ein fortwährender schöpferischer Prozess mit dem Ziel, immer neue Formen zu erschaffen, die mit einer stetig wachsenden Komplexität, Differenziertheit und Bewusstheit einhergehen. Die Fähigkeit zur Selbsttranszendenz, dieser Drang, über alles bisher da Gewesene hinauszuwachsen, diese Kraft, welche aus „toter" Materie Leben und aus Leben Geist erschaffen hat, scheint die grundlegende Triebfeder unseres Universums zu sein. „Selbsttranszendenz" – Durchbruch nach vorn - heißt deshalb auch der Auftrag, vor den wir Menschen in der heutigen Zeit gestellt sind. Unsere Aufgabe wird es sein, über die rationale Bewusstseinsstufe, die in hohem Maße von Verstand und Vernunft beherrscht ist, hinauszuwachsen. Wenn es uns gelingt, eine neue, eine integrale, transrationale Bewusstseinsstufe zu kultivieren, auf der nicht mehr der Verstand allein dominiert, sondern zunehmend auch Intuition und Inspiration unsere täglichen Begleiter und Wegbereiter sind, werden wir immer klarer und umfassender zum Ausdruck bringen können, was wir zutiefst, im Kern unseres Wesens, sind.

Vielleicht können wir dann eines Tages ähnlich empfinden wie Teilhard de Chardin, der kurz vor seinem Tod sagte:

*„Nachdem alles gesagt und getan ist, kann ich Folgendes sehen: Ich habe es geschafft, mich bis zu einem Punkt vorzuarbeiten, an dem das Universum mir wie ein großartiger dynamischer Impuls erschien, und all die ernsthaften Forschungen, der kreative Wille, die Akzeptanz des Leidens verbinden sich in der Zukunft in einem einzigen, leuchtenden Punkt - jetzt, am Ende meines Lebens, kann ich auf dem Gipfel stehen, den ich erstiegen habe, und weiterhin und immer genauer in die Zukunft schauen: Und dort sehe ich mit einer immer größer werdenden Sicherheit den Aufstieg Gottes.“* [12]

# KAPITEL 2

## JA zur Selbstverwirklichung

*„Es gibt in der Welt einen einzigen Weg, auf welchem niemand
gehen kann außer dir: wohin er führt?
Frage nicht, gehe ihn!"*
*(Nietzsche)*

### Einleitung

*„Werde, der Du bist!"*

In einer Zeit, die geprägt ist von Oberflächlichkeit und Konformismus, ist es eine große Herausforderung für uns Menschen, zu unserem eigenen Kern vorzudringen und von diesem inneren Zentrum aus unser Leben auszurichten.

Während ein Großteil der Glück suchenden Menschen nach wie vor darauf fixiert ist, dem Ruf der äußeren Welt nach Pflichterfüllung, Erfolg und Leistung gerecht zu werden, so ist der tiefste Wunsch jedes selbstverwirklichenden Menschen ein anderer. Er sehnt sich danach, den ihm ureigenen Sinn zu ergründen, seine Gaben als seine Aufgaben zu erkennen, sie zu entfalten und in den Dienst der Welt zu stellen.

Noch nie in der Geschichte der Menschheit war die Möglichkeit, freie Wahlen zu treffen, so groß wie heute. In unserer westlichen Welt sind die grundlegenden Überlebensbedürfnisse weitgehend gedeckt. Während die großen Lebensmotivationen früher einem Mangelbewusstsein entsprungen sind, so erwachsen sie heute vermehrt einem Wachstumsbewusstsein. Wir gehören deshalb zu den ersten Generationen, die das Privileg haben, sich bewusst und gezielt mit der eigenen Selbstverwirklichung auseinandersetzen zu können. Mehr denn je hat der Mensch der heutigen Zeit die Wahlfreiheit, sich selbst zu leben oder sich selbst zu verfehlen, sich selbst zu gewinnen oder sich selbst zu verlieren. Dies ist einerseits eine große Chance, andererseits aber auch eine große Herausforderung und Verantwortung, die darin besteht, einen aktiven Beitrag zur weiteren Entwicklung unseres Planeten zu leisten.

Das Wort „Sünde" entspringt dem Hebräischen und bedeutet ursprünglich „das Ziel verfehlen". In diesem Sinne könnte man sagen, dass ein Mensch dann sündigt, wenn er an seiner wahren Lebensaufgabe vorbei lebt. Wenn er es verfehlt, all das, was als Potenzial in ihm angelegt ist, zu entfalten und so zu einer umfassenderen Existenz zu reifen.

Schon Platon betonte, dass jede Manifestation des Universums ein Urbild in sich trägt, in welches sie hineinwachsen möchte. So möchte die Rose möglichst ganz Rose, der Mensch möglichst ganz Mensch, die Liebe möglichst vollkommen Liebe sein. Alles im Dasein strebt danach, sein innewohnendes Urbild zu verwirklichen.

Aristoteles, ein Schüler Platons, prägte den Begriff der „Entelechie". Danach ist jedes Lebewesen nicht bloß eine Ansammlung von Einzelteilen, sondern eine Ganzheit, die ihren Teilen erst Sinn verleiht. So ist auch der Mensch eine Entität und trägt Ziel und Sinn seines Daseins in sich selbst: Sich der Fülle seiner Möglichkeiten gemäß zu verwirklichen und ganz er selbst zu werden.

In jedem Menschen schlummern unzählige individuelle Möglichkeiten und Fähigkeiten. Jeder von uns besitzt ein einmaliges Potenzial, das es zu erforschen, zu entwickeln und ins Leben einzubringen gilt. Sind unsere Veranlagungen das Resultat eines selbst erschaffenen Karmas aus früheren Leben? Sind sie Teil eines göttlichen Planes? Oder sind sie ganz einfach Zufall?

Niemand kann uns mit Sicherheit beantworten, ob wir selbst verantwortlich sind für unsere Startbedingungen in dieses Leben. Selbst verantwortlich sind wir aber sicherlich dafür, was wir im Laufe unseres Daseins aus unseren Anlagen und unserem Potenzial machen.

Das Selbst-Bewusstsein des Menschen, seine Fähigkeit zur Selbstreflexion und seine Möglichkeit, sich selbst perspektivisch wahrzunehmen, unterscheidet ihn von allen anderen Lebewesen und ermöglicht es ihm, bewusste Wahlen zu treffen – so auch die Wahl, immer mehr zu erkennen und zu verwirklichen, wer er zutiefst ist.

Sagen wir also JA zu unserer Selbstverwirklichung! Sagen wir JA dazu, das Potenzial, das in uns schlummert, zu erwecken und zu entwickeln, um als Mitschöpfer unseren Fähigkeiten gemäß der Welt zu dienen und so den evolutionären Prozess mit zu prägen!

*„Die Geschichte der Welt ist die Geschichte weniger Menschen,*
*die den Glauben an sich selbst besessen haben."* [13]
*(Vivekananda)*


## Blockierte Lebenskraft befreien

Leben ist Energie in Bewegung. Unsere Lebenskraft möchte kanalisiert und zum Ausdruck gebracht werden. Die Essenz unseres Lebens besteht darin, etwas zu bewegen – im Innen wie im Außen. Ein ungehindertes Fließen unserer schöpferischen Kräfte erfüllt uns mit einem Gefühl von großer Lebendigkeit. Menschen, die im Fluss sind, weil sie ihren Weg gefunden haben und ihrem innersten Wesen kongruent auf authentische Weise folgen, beeindrucken uns durch ihre Ausstrahlungskraft und einen einmaligen Output. Es scheint, als schöpften sie aus einem immensen Energiereservoir, das nie zu versiegen droht. Leider ist diese Art von Mensch relativ selten anzutreffen.

Fast täglich begegne ich bei meiner therapeutischen Arbeit Menschen, die stark darunter leiden, sich leer und nicht mehr lebendig zu fühlen, weil sie nicht tun und zum Ausdruck bringen können, was sie gerne täten und was ihnen zutiefst entsprechen würde.

Sie fühlen sich zunehmend mut- und kraftlos, etwas an ihrem Leben zu ändern. Der Eindruck, machtlos zu sein, etwas Neues in ihrem Leben und in der Welt, in der sie leben, in Bewegung zu bringen, führt zu diesem Gefühl der Leere und Apathie, das heutzutage bei vielen Menschen vorherrscht. Ein Empfinden großer Ohnmacht lässt sie ihre ursprünglichen Wünsche, ihren ehemaligen Enthusiasmus und ihre Leidenschaften verlieren. Ablenkungsstrategien, Gleichgültigkeit und Mangel an Gefühl helfen ihnen, die Angst vor dem Leben nicht mehr zu spüren.

Östliche Gesundheitssysteme wie etwa der Ayurveda, aber auch die wahrscheinlich älteste Medizin der Welt, die Astromedizin, sprechen in diesem Kontext oft von „blockiertem Feuer". Das Element Feuer steht in diesem Verständnis für Vitalität, Motivation, Durchsetzungskraft, Klarheit und den Mut, in Aktion zu treten und dem Leben eine klare Richtung zu geben. Feuer wird als schöpferische Energie betrachtet, die zum Leben gebracht werden will, aber durch unser urteilendes Denken oft ihrer Kraft beraubt wird.

Folgende Symptome können ein Hinweis auf blockiertes Feuer beziehungsweise ungelebtes, nicht zum Ausdruck gebrachtes Potenzial sein: Innere Unruhe und Unzufriedenheit, Gefühle von Gereiztheit und Aggression bis hin zu Sinnleere, Antriebslosigkeit und Depression. Vergleichbar mit einem Dampfkochtopf kann ein Mangel an konstruktivem, kreativem Ausdruck zu einer Überaktivierung unseres vegetativen Nervensystems führen. Folge davon sind die heutzutage so weit verbreiteten funktionellen Störungen wie beispielsweise Bluthochdruck, Herzrhythmusstörungen, Reizdarm, Allergien, Fibromyalgie, Migräne und viele andere, denen die klassische Schulmedizin oft ratlos gegenübersteht, da ihnen keine klaren organischen Ursachen zugrunde liegen. Unsere Lebenskraft bleibt also als gebundene Energie in unserem Körper-Seele-Geist-Kontinuum gefangen, wenn wir unser Potenzial nicht ins Leben bringen. Die Verweigerung anstehender Entwicklungsaufgaben führt früher oder später bei jedem Menschen zu Leid und Schmerz. Die auftauchenden Symptome lassen sich als Korrekturversuch unseres Körpers und unserer Seele interpretieren und scheinen oft notwendig zu sein, um uns in festgefahrenen Lebenslagen wieder in Bewegung zu bringen. Und die Not lässt sich meist nur soweit abwenden, wie wir den Sprung ins Neue, noch Unbekannte wagen....

Bereits Sokrates sprach von einer jedem Menschen vertrauten persönlichen inneren Stimme, die als Vermittler zum Göttlichen dient. Er nannte diese uns innewohnende Instanz „Daimonion". Der Daimonion wacht darüber, dass der Mensch seiner wahren Bestimmung folgt. Er lässt uns Dinge erkennen, die unserer Vernunft und rationalen Einsicht allein verborgen bleiben. Immer von neuem treibt er uns an, den uns eigenen Auftrag zu verwirklichen, zugleich schickt er uns korrigierende Impulse, wenn wir daran vorbei zu leben drohen. Es ist nicht seine Aufgabe, uns zu sagen, was wir tun sollen, sondern sich immer dann zu melden, wenn wir von unserem Weg abweichen und Gefahr laufen, unseren Seelenauftrag zu verfehlen.


## Spannung

Bewusstsein ist reines Schöpfungspotenzial. Und je höher die Bewusstseinsebene ist, die wir erreicht haben, umso stärker ist unsere potenzielle schöpferische Ausdruckskraft. Jeder begabte Mensch braucht demnach ein gewisses Maß an Spannung, um sich lebendig zu fühlen. Er braucht Herausforderungen, an denen er wachsen kann.

Die moderne Stressforschung hat aufgezeigt, wie essentiell wichtig positiver Stress, so genannter Eustress, für unser Wohlbefinden ist und wie belastend es für unsere Psyche sein kann, wenn wir unsere innewohnenden Fähigkeiten nicht fruchtbar und produktiv ins Leben einbringen können. Ohne Spannung kann in dieser Welt der Polaritäten keine neue Form, kein neues Leben entstehen. Dies widerspiegelt sich auf eindrückliche Art im Zeugungsakt. Die Spannung, die dabei zwischen Mann und Frau entsteht, gipfelt in der orgastischen Vereinigung, die neues Leben möglich macht. Wir bewegen uns in unserem Leben in einem dauernden Spannungsfeld von polaren Kräften, von vermeintlichen Gegensätzen, die oft in einem großen Widerstreit zueinander zu stehen scheinen und vereint werden wollen. Die Spannung zwischen gegensätzlichen Polen ist es, die im Kleinen uns als Individuen wachsen lässt und die im Großen die Evolution vorantreibt zu immer komplexeren, höher entwickelten Formen. Die intensive Auseinandersetzung mit polaren, oft auch paradox erscheinenden Strömungen und Energien ist die treibende Kraft zu innerem Wachstum und höherer Bewusstheit. Gelingt es uns nicht, die Gegensätze kreativ zu vereinen und dadurch in schöpferische Kraft umzuwandeln, wird die Spannung zu stark und manifestiert sich unter Umständen in den beschriebenen körperlichen und seelischen Symptomen.

Es gehört also zum Lebensinhalt eines jeden Menschen, das seinem Potenzial entsprechende Spannungsfeld zu finden und die darin enthaltene Energie in Bewegung zu bringen. Wie eine Gitarrensaite die richtige Spannung braucht, um einen schön klingenden Ton zu erzeugen, so brauchen auch wir Menschen das richtige Maß an Spannung in unserem Leben, um uns lebendig und kraftvoll zu fühlen. Während eine Saite mit zu wenig Spannung keinen Ton erzeugt, so droht sie zu zerreißen, wenn die Spannung zu stark wird.

## Erkenne Dich selbst

Ich-Bewusstsein beginnt mit der Erkenntnis: "Ich bin ein Ich". Die Fähigkeit des Menschen, sich als ein Ich wahrzunehmen, entsteht meist unvermittelt an einem bestimmten Punkt in der Kindheit. Mit laufender Entwicklung beginnt er sich allmählich zu fragen: Wer ist dieses Ich? Wer bin ich? Dies ist der erste Schritt seiner Suche nach Selbsterkenntnis.

„Erkenne Dich selbst!" Dieses Postulat schmückte schon den Eingang des Apollotempels in Delphi. Die Forderung nach Selbsterkenntnis gehört zu den ältesten und bedeutsamsten Geboten aller großen Philosophen und Religionsführer an uns Menschen. Aus Sicht der modernen Tiefenpsychologie ist der Bewusstwerdungsprozess ein wirkungsvolles therapeutisches Heilmittel, denn Selbsterkenntnis und wachsende Fähigkeit zur Selbstreflexion sind erste Voraussetzungen für die Überwindung seelischen Leids. Wir sind dazu aufgefordert, unsere Innenwelt zu erforschen und Licht ins Dunkel unserer Unbewusstheit zu bringen.

Der Mensch von heute hat sich unglaublich viel Wissen über die äußere Welt angeeignet. Über seine innere Welt aber weiß er meist recht wenig. Sie droht unter dem Gewicht der unzähligen äußeren Forderungen und Eindrücke zu ersticken. In der Hektik und dem Lärm des Alltags ist es nicht möglich, sich selbst zu spüren, zum inneren Kern vorzudringen und in Kontakt mit der anfänglich meist leisen und sanften inneren Stimme zu kommen, die uns den Weg zu unserer Bestimmung weisen kann. Innenschau gelingt vor allem in der Stille, in Momenten des Alleinseins und der Meditation, in denen unsere fast immer rastlosen Gedanken zur Ruhe kommen können. So wie man nur auf den Grund eines Gewässers blicken kann, wenn die Wasseroberfläche ganz ruhig ist, so müssen auch wir lernen, innerlich ganz still zu werden, um allmählich mit unserem Seelengrund in Kontakt kommen zu können.

Nicht bloß unsere bewusste Ich-Persönlichkeit möchte beleuchtet werden, sondern vor allem auch die noch unbewussten, im Dunkeln liegenden Bereiche unserer Psyche möchten erforscht und Schritt für Schritt integriert werden. Dabei werden wir auf viel unerwartetes Licht stoßen und es hoffentlich frohgemut willkommen heißen. Genauso werden wir aber auch unseren inneren Dämonen und verdrängten Persönlichkeitsanteilen begegnen, deren Annahme uns umso schwerer fällt. Der Prozess der Selbsterkenntnis macht nicht Halt vor dem Schattenreich unserer Seele und wir kommen nicht darum herum, uns wagemutig und beharrlich mit unserer dunklen Seite auseinanderzusetzen.

## Der Schatten

Jedes ganzheitliche Weltbild geht davon aus, dass alles mit allem vernetzt ist, sich gegenseitig durchdringt und interagiert. Aus holografischer Sicht enthält jeder Partikel des Universums die Information des Ganzen. Das heißt: In jedem von uns ist die ganze Welt enthalten.

„Möchtest Du lieber gut sein oder ganz?" Diese knifflige Frage soll C.G. Jung seinen Patienten mit Vorliebe gestellt haben. Um heil zu sein, genügt es nicht, einfach nur gut zu sein. Heil-Sein bedeutet Ganz-Sein. Alles, was uns zu unserer Ganzheit fehlt, fehlt uns zu unserem Heil.

Jung benützte den Begriff „Schatten" für all jene Anteile und Eigenschaften, die wir Menschen zwar haben, aber nicht wahrhaben möchten. Der Schatten beinhaltet all jene Aspekte unseres Wesens, die wir für unannehmbar halten, weil sie uns unangenehm, peinlich, unerträglich sind. Er verkörpert unsere dunklen Seiten, die wir vor der Welt verstecken, die wir verdrängt und von unserem Bewusstsein abgespalten haben, weil sie nicht in unser Selbstkonzept passen, unserem Ich-Ideal zutiefst widersprechen. Unser Schatten ist unser ungelebtes Leben: unsere ungelebten Eigenschaften, Gefühle, Emotionen, Gedanken, Phantasien und Begabungen.

Nicht ausschließlich unsere dunklen, vermeintlich negativen Seiten sind es, denen wir den Ausdruck verwehren. Zum Schattenrepertoire gehören oft auch helle, positive Züge unseres Wesens, die wir uns nicht zutrauen, zu denen wir noch keinen Zugang gefunden haben oder die wir aus Mangel an Selbstwertgefühl ein Schattendasein fristen lassen.

Der Schatten entwickelt sich gleichzeitig mit unserem Ich. Von unserem sozialen Umfeld lernen wir schon früh, was gut ist und was schlecht, wie „man" sich zu verhalten hat, was in der Gesellschaft als akzeptabel gilt. Wir erfahren Zuneigung und Akzeptanz, wenn wir uns auf eine ganz bestimmte Weise benehmen und erfahren Ablehnung und Maßregelung, wenn wir uns anders verhalten. Viele unserer ganz natürlichen, spontanen Regungen werden in der Kindheit durch die Autorität von Elternhaus und Schule unterbunden. Wir verbannen sie ins Schattenreich unserer Seele, ohne uns dessen bewusst zu sein. Robert Bly vergleicht den Schatten mit einem langen, schweren Sack, den wir mühevoll hinter uns herschleppen, den wir bis zu unserem 20. Lebensjahr gefüllt haben und nun den Rest des Lebens wieder zu leeren versuchen. Synchron zu unserem Schatten entwickelt sich unsere Persona, unsere Seelenmaske. Sie ist quasi das „helle" Gegenstück zu unserem Schatten. Während der Schatten all die Wesensanteile beinhaltet, die wir vor uns selbst und vor der Welt verbergen wollen, steht die Persona für das Bild von uns selbst, das wir der Welt präsentieren möchten. Die Persona ist die Summe aller Eigenschaften, Verhaltensmuster und Ansichten, die wir uns im Rahmen der Erziehung, der Sozialisation, der gesellschaftlichen Erwartungen anlegen. Mit ihrer Hilfe stellen wir uns in der Arena der Welt dar – möglichst lichtvoll, manchmal blendend, einige verblendend.

Je weißer die Weste ist, die wir der Welt präsentieren, umso größer und dunkler ist oftmals unser Schatten. Unsere Träume können uns dies ungeschminkt und schonungslos vor Augen führen. Je edler und brillanter wir uns in der Welt in Szene zu setzen versuchen, umso derber und abgründiger begegnet uns unser Schatten unter Umständen im Traum - vielleicht als Versager, als Schwächling, als Verbrecher, als Bettler, als Hure. Es scheint die Aufgabe des Traums zu sein, einen Ausgleich zu schaffen - unsere bewusste Einstellung zu kompensieren und zu ergänzen.

Das ganze Spektrum des Menschseins steckt in jedem und jeder von uns. Zutiefst ist uns kein Aspekt des menschlichen Daseins fremd. In uns ist alles enthalten: Der Teufel genauso wie der Heilige, der Grobian genauso wie der Sanftmütige, der Dieb und Mörder genauso wie der Edelmann, die Angst genauso wie die Liebe. Und je weniger wir das Dunkle anerkennen, umso weniger kann das Helle sich entfalten. Was wir nicht leben, lässt uns nicht leben!

Die dauernde Abwehr des Schattens kann unsere Lebendigkeit und Kreativität erheblich beeinträchtigen, kostet sie uns doch eine Unmenge an seelischer Energie. Wenn es uns gelingt, einen bewussten Bezug zu unseren inneren Dämonen herzustellen, hören wir auf, ihre ahnungslosen Werkzeuge zu sein. Je weniger wir diese im Untergrund wirksamen Energien als Teil von uns selbst anerkennen, umso stärker sind wir wiederholt ihren Attacken ausgesetzt. Wenn es uns gelingt, die abgespaltenen Kräfte in unser bewusstes Ich zu integrieren, bringen wir wieder Ordnung und Sinn ins Chaos. Der ständige unterschwellige Konflikt zwischen unserem Bewusstsein und unserem Unbewussten reduziert sich.

Mit der Befreiung unseres Schattens befreien wir viel Licht, denn wo viel Schatten ist, ist immer auch viel Licht. Für Jung besteht der Schatten zu 90 Prozent aus purem Gold und Aurobindos Gefährtin, die Mutter, sagt: "Wenn ihr einen sehr dichten und tiefen Schatten entdeckt, so seid sicher, dass irgendwo in euch ein großes Licht ist. An euch liegt es, sich des einen zu bedienen, um das andere zu verwirklichen."

## Projektionen

Viele Menschen sind felsenfest davon überzeugt, sich ihres Schattens bewusst zu sein. Auf die Frage, was denn ihr Schatten sei, zählen sie den ganzen Katalog ihrer Laster und Unarten auf. Selbstverständlich wollen auch all die „Schwachstellen" unserer Persönlichkeit, die uns schon bewusst sind, anerkannt werden, jedoch handelt es sich dabei nicht um unseren Schatten. Unser Schatten zeichnet sich gerade dadurch aus, dass er unserem Bewusstsein verborgen ist und deshalb von uns selbst nicht direkt wahrnehmbar.

Wir können unseren Schatten (abgesehen von unseren Träumen) nur über unsere Projektionen erkennen. Da er für uns unerträglich ist, projizieren wir den Schatten nach außen – mit Vorliebe auf unsere Mitmenschen. Auch wenn wir ihn von unserem Bewusstsein abgespalten haben, „der Schatten bleibt unser eigen, und er bleibt wirksam; daher nehmen wir seine Regungen auch weiterhin wahr, glauben jedoch, dass es nicht unsere eigenen sind, sondern schreiben sie anderen Menschen zu. Und je mehr wir unsere Eigenschaften in andere Menschen hineinlesen, desto schwieriger wird es, sie in uns selbst überhaupt noch wahrzunehmen."[14]

Wann immer uns eine bestimmte Eigenschaft oder Verhaltensweise eines anderen Menschen emotional erregt und aus unserer Mitte reißt, können wir davon ausgehen, dass es sich dabei wahrscheinlich um unseren Schatten handelt. Je stärker uns besagter Wesenszug unseres Gegenübers affiziert oder zuwider ist, umso weniger werden wir bereit dazu sein, die Projektion zurückzunehmen, sondern wir werden uns trotzig dagegen wehren, diese Eigenschaft auch als Teil unseres eigenen Wesens anzunehmen.

Die Folgen der Projektion unserer Schattenaspekte auf andere beschreibt Ken Wilber folgendermaßen: „Zum einen empfinden wir diese Aspekte nicht mehr als unser eigen, und so können wir sie nicht mehr nutzen oder beeinflussen oder dafür sorgen, dass sie sich ihrer Natur gemäß entfalten; unsere Aktionsfähigkeit wird dadurch drastisch reduziert oder blockiert. Zum anderen scheinen diese Facetten nur in der Umwelt zu existieren; wir haben unsere Energie auf andere übertragen, und nun scheint sie sich gegen uns zu wenden. Wir verlieren sie in uns selbst und sehen sie als etwas, das uns bedroht."[15] Während der unbewusst projizierende Mensch glaubt, das Dunkle im Außen identifiziert zu haben, kann in seinem Inneren der Schatten unbehelligt wachsen und immer mehr Eigendynamik annehmen, bis er ihn womöglich eines Tages hinterrücks und völlig unvermittelt anfällt – in Form eines irrationalen emotionalen Ausbruchs, einer Psychoneurose oder als körperliches Symptom.

Zusammengefasst können wir sagen: Jede Eigenschaft, die wir in jemand anderem sehen, ist auch in uns. Können wir dem Gegenüber neutral und gelassen begegnen, sind wir frei von Schattenprojektionen. Irritiert er uns, berührt er uns emotional, begegnen wir in ihm unserem Schatten. Wenn wir also unseren Schatten bewusst machen wollen, müssen wir uns nicht die uns schon bekannten Schwachstellen vor Augen führen, sondern vielmehr die „Liste" derjenigen Personen, die uns unsympathisch sind und uns abstoßen oder derjenigen, die wir im Übermaß anhimmeln.

Alles, was einen Menschen im Außen irritiert, muss mit ihm selbst, muss mit seinem Inneren zu tun haben, sonst würde es ihn nicht irritieren. Er würde es einfach zur Kenntnis nehmen. Da es ihm äußerst schwer fällt, diese Irritationen als Anteil von sich selbst zu erkennen und anzunehmen, neigt er dazu, sie im Außen vehement zu bekämpfen. Statt sich mit dem inneren Bösewicht auszusöhnen, bläst er zum Kampf gegen das Böse in der Welt. Er erkennt dabei Folgendes nicht: Je mehr er das Böse im Andern bekämpft, desto eher verhilft er ihm zum Sieg. Dass der Mensch lernt, die Projektionen seines Schattens zu durchschauen und zurückzunehmen, ist nicht bloß für sein eigenes Heil wichtig, es ist wichtig für das Wohl der ganzen Menschheit. Projektionen, die einen kollektiven Charakter annehmen, können verheerende Folgen haben. Erschütternde Beispiele dafür aus der Vergangenheit sind unter anderem die Hexenverfolgung und die Inquisition der Kirche im Mittelalter, die Gräueltaten des Ku-Klux-Clan oder die Judenverfolgung der Nazis. In letzter Instanz sind alle Kriege, sind alle Formen von Rassismus und Terrorismus Folgen von Projektionen.

Projektionen können so mächtig sein, dass sie einen starken Einfluss auf den Projektionsträger, das heißt den Empfänger der Projektion, ausüben können – in belebender wie in behindernder Weise. Positive Projektionen anderer Menschen können uns regelrecht beflügeln. Ich denke dabei an einen Popstar auf der Bühne oder ein Sportidol, dem Tausende von Menschen zujubeln und ihn dadurch zur Höchstform auflaufen lassen. Umgekehrt können negative Projektionen den Empfänger belasten oder sogar krank machen, wenn er labil und seiner Rolle als Projektionsträger nicht bewusst ist.

Die Rücknahme von Projektionen ist eine wichtige Etappe auf unserem Individuationsprozess. Sie erlöst unseren Schatten und befreit uns dadurch von gebundener Energie, die in unserem Unbewussten ein Eigenleben führt. Sie lässt uns selbstverantwortlicher und ganzer werden. Projektionsrücknahme hilft uns, andere Menschen so zu sehen, wie sie in Wahrheit sind, und ermöglicht authentische Verbindungen. Projektionsrücknahme führt zu mehr Toleranz und Frieden in der Welt, ganz gemäß dem Sprichwort: „Wischt jeder vor der eignen Tür, sauber ist's im Stadtquartier."

## Träume als Wegweiser

Als Bindeglied zwischen unserem Bewusstsein und dem Unbewussten können unsere Träume eine wichtige Orientierungshilfe sein, da sie uns oft auf unbeschönigte und unverfälschte Weise die Richtung aufzeigen, in die unsere Lebensenergie fließen sollte, damit unser Leben von Sinn erfüllt ist.

Der Mensch der heutigen Zeit ist noch immer weitgehend von einem Newtonschen, wissenschaftlich geprägten Weltbild geleitet, welches sich bevorzugt am Kausalprinzip orientiert. Das menschliche Individuum und seine Seele werden in erster Linie als ein „Konstrukt" vergangener Erfahrungen (causa efficiens) aufgefasst, ohne Berücksichtigung, dass unsere Psyche durchaus auch zielstrebig (causa finalis) ist und einem größeren inneren Plan folgt. Diesen Plan mehr und mehr zu erkennen, ist ein essentieller Bestandteil unserer Selbsterkenntnis.

Wegweisende Begleiter in diesem Prozess können unsere Träume sein, die oft weit mehr beinhalten als eine reine Verarbeitung vergangener Erlebnisse. Anders als die Vielzahl der Träume, die uns unsere alltäglichen Erfahrungen spiegeln, bringen uns die eher seltener auftauchenden archetypischen Träume in Kontakt mit Bildern und Botschaften aus den tieferen kollektiven Schichten unseres Unbewussten. Oft zeigen uns diese Träume auf beeindruckende Weise auf, was unsere momentane Aufgabe wäre und wo das Leben oder zumindest eine aktuelle Lebensphase mit uns „hin will". Je mehr wir über unsere Träume in Kontakt mit unserem Unbewussten kommen, umso mehr werden wir staunend erkennen, dass unsere Seele Dinge zu wissen scheint, die wir mit unserem bewussten Verstand allein niemals erahnen könnten.

Träume sind nicht nur der „Königsweg" zu unserem Unbewussten, sie haben auch eine regulierende Funktion für die Psyche, indem sie unsere allzu einseitigen bewussten Einstellungen ergänzen oder kompensieren und somit berichtigen. So bieten uns unsere Träume nicht selten verblüffende Lösungsvorschläge an.

Wer also vermehrt den Zugang zu seinen Träumen findet, indem er sie aufschreibt, über sie und das mit ihnen verbundene Gefühl meditiert oder sie bestenfalls sogar malt, unterstützt seinen Bewusstwerdungsprozess auf kreative und wirksame Weise.

Viele Menschen sind der Überzeugung, gar nicht oder nur sporadisch zu träumen. Oder sie erinnern sich nur ganz vage an einzelne Bilderfetzen ohne erkennbaren Zusammenhang. Wem es ähnlich ergeht, dem empfehle ich folgende Schritte, die sehr hilfreich sein können, um einen tieferen und klareren Zugang zu seinen Träumen zu finden:

Kommuniziere vor dem Einschlafen einen Moment lang mit Deinem Unbewussten und bitte es darum, klare Träume zu übermitteln, an die Du Dich beim Aufwachen erinnerst.

Lege Dir Schreibzeug neben Dein Bett und notiere Dir sofort nach dem Aufwachen Stichworte zu Deinen Träumen. Wenn Du Dein Bewusstsein direkt nach dem Aufwachen nach innen richtest statt nach außen und in Kontakt gehst mit Deinen Gefühlen, Empfindungen und Bildern, so tauchen nicht selten weitere Bilderserien vor Deinem geistigen Auge auf. Meditierst Du dann noch in der Schlaflage über alles Erlebte und Gefühlte, so wirst Du Dich wahrscheinlich noch an zusätzliche Einzelheiten des Traumes erinnern können.

Es braucht – vor allem zu Beginn – Disziplin, diese Schritte Nacht für Nacht zu befolgen. Wer ihnen jedoch mit Ausdauer folgt, wird häufig mit einer bisher unerlebten Fülle von Informationen und Botschaften seines Unbewussten belohnt.

## Vom Ich zum Du

„Der Mensch kennt nur sich selbst, insofern er die Welt kennt, die er nur in sich und sich nur in ihr gewahr wird. Jeder neue Gegenstand, wohl beschaut, schließt ein neues Organ in uns auf."[16] Mit diesen prägnanten Worten fordert uns Goethe dazu auf, nicht nur nach innen zu blicken, sondern unsere Aufmerksamkeit auch wach und achtsam nach außen zu richten. Selbsterkenntnis vollzieht sich nicht durch Innenschau allein. Vielmehr geschieht sie durch ein lebendiges Pendeln zwischen Innenwelt und Außenwelt.

Die Entdeckungsreise in unser vielschichtiges Wesen findet zu keiner Zeit einen endgültigen Abschluss, nie werden wir vollständig erkennen, wer wir sind. Vielmehr nämlich erkennen wir bei wachsender Selbsterkenntnis immer klarer, wer wir nicht sind.

Der unerwachte Erdenbürger definiert seine Identität nicht über das, was er ist, sondern vorwiegend über das, was er hat und was er tut: seinen Namen, seine Herkunft, seinen Beruf, sein Haus, sein Auto, seinen „Style". All diese vergänglichen Dinge bilden seine Identität, auf diesem brüchigen Fundament baut er sein Leben auf. Wer aber wäre er, wenn ihm all dies genommen würde? Ein isoliertes Nichts, das sich selbst noch gar nie richtig zu begegnen traute.

Jeder Mensch, der seine Identifikation mit all den vergänglichen Äußerlichkeiten relativiert und sich dadurch zunehmend seinem inneren, auf die Unvergänglichkeit bezogenen Kern annähert, beginnt zu realisieren, dass er weit mehr ist als ein vom Rest des Kosmos abgetrenntes Ich. Er verinnerlicht, dass er über sein Ich-Sein hinaus an einem Kollektiv teilhat und dass dieses Kollektiv nicht nur alle Mitbewohner dieses Planeten einschließt, sondern auch die göttliche Dimension. Er findet über das Ich hinaus zum Du und zum Wir und schließlich zu Gott. Er erkennt seinen Wesenskern als den Brennpunkt, in welchem Menschliches und Göttliches sich treffen und vereinen.

Während wir in unserer Entwicklung vorwärts schreiten, durchbrechen wir mehr und mehr das dauernde Kreisen um unser Ego und all seine

Belange. Echte Selbsterkenntnis ist somit alles andere als ein egozentrischer Akt. Im Gegenteil: Das Ich wird im Verlauf dieses Prozesses zunehmend aus dem Zentrum herausgerückt, die Bezogenheit zu einem Du gewinnt an Bedeutung, die Ahnung, einem übergeordneten Sinn zu folgen, wächst und wird langsam zur Gewissheit.

Plötzlich geht es immer weniger um die Frage, was wir tun wollen. Vielmehr beginnen wir Schritt für Schritt zu erkennen, was wir tun müssen. Nicht mehr „Was will ich?" steht im Vordergrund, sondern „Was will mich?"

## Gehorchen

Während das „Hinhorchen" eine grundlegende Voraussetzung für unsere Selbsterkenntnis ist, so steht das „Gehorchen" im Zentrum unserer Selbstverwirklichung. Wir folgen „gehorsam" unserer Bestimmung und tun, was wir tun müssen. Dies beinhaltet allerdings weit mehr als einen reinen ich-gesteuerten Willensakt, über den wir jederzeit die Kontrolle haben. Zeitweise werden wir nämlich mit dem scheinbaren Willen geheimnisvoller höherer Mächte konfrontiert, die unsere Kontrollfähigkeit übersteigen. Zwar bin ich jederzeit selbst der Kapitän meines Lebensschiffs, aber noch lange nicht bin ich der Herrscher der Meere. Wenn mein Schiff unvorhergesehen in einen heftigen Sturm gerät, so bleibt mir nichts anderes übrig, als mein Schicksal einer höheren Instanz zu übergeben und - das Steuer nach wie vor fest in der Hand haltend - vertrauensvoll so lange auszuharren, bis sich der Sturm wieder gelegt hat. Dieser Allegorie entsprechend muss jeder Mensch auf seinem Weg der Selbstverwirklichung immer wieder herausfordernde Phasen des Kontrollverlustes, des Sich-Hingeben-Müssens, des Ausharrens und des Nicht-Wissens erdulden lernen – im unerschütterlichen Vertrauen darauf, dass er auf seinem Weg geleitet und beschützt wird.

Selbstverwirklichung ist zu wertvoll, als dass sie einfach und billig zu haben wäre. Alte Weisheitstraditionen vergleichen die Suche nach der Essenz dessen, was wir zutiefst sind mit dem Tauchen nach der kostbarsten aller Perlen. Nur wer sich weit in den offenen Ozean hinauswagt, um mutig und vertrauensvoll immer wieder bis zum Meeresgrund hinunterzutauchen, kann die prächtige, einmalige Perle finden und an die Oberfläche bringen. Dieses „Zu-Grunde-Tauchen" symbolisiert eine Transformation, die mit jedem Selbstverwirklichungsprozess einhergeht: etwas Altes muss „zugrunde gehen", damit das Neue gefunden und verwirklicht werden kann.

Erfahrungsgemäß ist es ein unerwarteter Zusammenbruch alter festgefahrener Strukturen, der den Menschen in eine Lebenskrise und hin zu einer Entwicklungsschwelle führt. Und meist bedarf es eines scheinbar gewaltigen Opfers, damit der Weg über diese Schwelle freigelegt werden kann. In vielen Mythen und Legenden wird die Schwelle, die häufig in einen heiligen Raum führt, von einem Hüter, meist einem Ungeheuer oder Monster, bewacht, der uns eine fast unlösbar scheinende Aufgabe stellt. Diese Aufgabe gilt es zu lösen und so den Hüter der Schwelle zu überwinden - sei es durch Kampf, durch Klugheit oder durch Widerstandslosigkeit.

Etwas Überlebtes muss – fast immer unter Schmerzen – geopfert werden, muss untergehen, damit im Bewusstsein Platz entsteht für etwas Neues und Großes. So ist es in Märchen und Mythen meist der „alte König", der sterben muss, weil er für eine überholte, konventionelle Bewusstseinsebene steht, um schließlich seinem jüngsten Sohn oder einem mutigen Helden den Thron zu überlassen, beides Sinnbilder für eine neue und höhere Bewusstseinsentwicklung.

Oft sind es lieb gewonnene Überzeugungen, Einstellungen und Gewohnheiten, welche zugunsten eines neuen Bewusstseins geopfert werden müssen. „Opfer" heißt im Lateinischen „sacrificium", von „sacrum facere", was „heilig machen" heißt.

Ein Heil-Sein sprich Ganz-Sein scheint ohne Opfer also nicht möglich. Um einen ganzheitlichen Zugang zum Leben zu finden, „bedarf es des Opfers und der Hingabe, der Destrukturierung widerstrebender alter Muster. Da jede Kraft eine entsprechende ‚ähnliche' Gegenkraft, jede Tendenz eine Gegentendenz und jedes Auf ein Ab hervorruft, rufen Destrukturierung und Tod gleichermaßen Geburt und Schöpfung hervor." [17]

## Yin und Yang

Während unseres Ganzwerdungsprozesses bewegen wir uns fortlaufend in einem Spannungsfeld von vermeintlich gegensätzlichen Polaritäten, die als zusammengehörig erkannt und vereint werden wollen. Ein wahrer Meister der Lebenskunst zeichnet sich durch die Fähigkeit aus, spielerisch, frohen Mutes und möglichst widerstandslos zwischen den Polen hin und her schwingen zu können. Er oder sie hat gelernt, nicht mehr mit einem der Gegensätze identifiziert zu sein und demzufolge darin hängen zu bleiben.

Fast jeder Mensch kennt das taoistische Tai-Chi-Symbol. Der helle, männliche Yang-Pol und der dunkle, weibliche Yin-Pol ergänzen sich zum Tao. Sie bilden einen Kreis, das Symbol für Einheit und Ganzheit. Übereinstimmend mit diesem Bild ist die Fähigkeit zur Synthese von männlichem und weiblichem Prinzip die Grundvoraussetzung für eine fortschreitende und gelingende Verwirklichung unseres wahren Wesens. Beide Prinzipien möchten zunehmend integriert und gefestigt werden und wir müssen das Gespür dafür entwickeln, wann aktives Erschaffen und wann passives Empfangen von uns gefordert ist.

In bestimmten Entwicklungsphasen steht das weibliche, rezeptive Yin-Prinzip im Vordergrund, denn sie verlangen nach vertrauensvoller Hingabe, nach passivem Geschehen-Lassen, nach Demut. Aktives Handeln ist in diesen Phasen meist kontraproduktiv. Oft entfalten sich psychische Prozesse nur, wenn man sie in Ruhe geschehen lässt. Jedes

Handeln-Wollen kommt in diesen Momenten einem Widerstand gleich und führt zu einer Kontraktion, die den natürlichen Fluss hemmt.

In anderen Lebensphasen dagegen ist das männliche, aktiv vorstoßende Yang-Prinzip gefordert. Es steht unter anderem für die Fähigkeit, unter Anwendung unserer Willenskraft das Steuer in die Hand zu nehmen und in Aktion zu treten. Im Gegensatz zum Verbindung suchenden weiblichen Eros ist der männliche Logos analysierend und somit trennend. Er hilft uns zu unterscheiden und klare Entscheidungen zu fällen. Entschlossen und fokussiert übernehmen wir die Verantwortung für unser inneres Wachstum. Und wer Verantwortung übernimmt, wird immer wieder neue Antworten finden.


## Die Selbstverwirklichung bei C.G. Jung

Wohl kaum ein anderer Mensch der westlichen Welt hat den Prozess der Selbstverwirklichung eingehender erforscht als C.G. Jung, der Begründer der Analytischen Psychologie. Jung nennt den Weg zur Selbstverwirklichung „Individuation". Der Individuationsprozess ist gemäß Jung „eine potentiell jedem Menschen mitgegebene Entfaltungsmöglichkeit"[18] und stellt das zentrale Anliegen seiner Psychologie dar.

Die Individuation als Weg zu möglichst großer Bewusstheit und seelischer Ganzheit führt uns Menschen tief hinein in die Welt der Archetypen, in die Welt unseres „kollektiven Unbewussten". Ziel dabei ist die Verwirklichung unseres innersten Kerns, welchen Jung „das Selbst" nennt. Das Selbst umfasst unsere ganze Psyche, während unser bewusstes Ich nur einen beschränkten Ausschnitt unseres seelischen Lebensbereiches darstellt. „Das Selbst ist das innerste, einflussreichste Sinnzentrum der Persönlichkeit.... In religiöser Sprache ausgedrückt, ist das der ‚göttliche Seelenfunke', der in der Tiefe der unbewussten Psyche jedes Menschen ruht. Von diesem Zentrum gehen auch die letzten Gewissensentscheidungen aus, wenn ein Mensch sich nicht nach der konventionellen Moral, sondern wirklich nach seinem ‚inneren Gewissen' auszurichten versucht..."[19]

Die menschliche Psyche ist laut Jung selbstregulierend und fordert das Individuum auf, das zu werden, was es von Natur aus ist. Dies geschieht durch eine allmähliche Integration und Differenzierung jener Aspekte des Selbst, die bisher brachgelegen haben. Das Streben unseres Wesens nach Reifung und Ganzwerdung widerspiegelt sich in eindrücklicher Weise in unserem Traumleben. Als Vermittler zwischen Unbewusstem und Bewusstem sind die Symbole unserer Träume und Imaginationen wichtige Wegbahner und Richtungszeiger auf dem Weg der Individuation.

Bedingung für die schrittweise Verwirklichung seines Selbst ist demnach die Hingabe des Menschen an die transpersonale Kraft seines Unbewussten und das Erkennen, was sie ihm über seine Träume und Visionen mitteilen möchte. Da jedoch die Forderungen der Seele bei weitem nicht immer mit seiner Vorstellung davon, wie er gerne sein würde, übereinstimmen, neigt der Mensch dazu, das ihm innewohnende Gebot nach Individuation zu ignorieren und zu unterdrücken. Folge ist ein innerer Konflikt, welcher sich in seelischen Störungen und Neurosen äußert. Essentielle Aufgabe jedes Therapeuten ist es somit, die ihm anvertrauten Menschen auf ihrer „Heldenreise" zum Selbst zu begleiten.

*Der Archetyp des Helden*

*„Auf gefahrlose Wege schickt man nur die Schwachen."*[20]
*(Hermann Hesse)*

Der Archetyp des Helden begegnet uns als zentrales Motiv unzähliger Mythen, Sagen und Märchen: von den Heldenmythen verschiedenster

Kulturen über die Märchen der Gebrüder Grimm bis hin zu modernen Heldenstorys wie beispielsweise die „Matrix"-Trilogie. Der Held repräsentiert darin den mutigen, leidenschaftlichen und schöpferischen Menschen, der es wagt, zielgerichtet und kraftvoll neue Pfade zu betreten und der unter Überwindung anfänglicher Ängste und Widerstände nicht vor dem herausfordernden Weg der Selbstverwirklichung zurückschreckt.

Alle Heldengeschichten verlaufen nach einem ähnlichen Schema, welches der amerikanische Mythenforscher Joseph Campbell in einem Satz auf den Punkt bringt: „Der Held verlässt die Welt des gemeinen Tages und sucht einen Bereich übernatürlicher Wunder auf, begegnet dort fabelartigen Mächten und erringt einen entscheidenden Sieg, dann kehrt er mit der Kraft, seine Mitmenschen mit Segnungen zu versehen, von seiner geheimniserfüllten Fahrt zurück."[21]

Hauptfigur des Heldenmythos ist meist ein scheinbar gewöhnlicher Mensch in angepasster sozialer Umgebung, in dem aber außergewöhnliche Fähigkeiten und Begabungen schlummern. Eines Tages vernimmt die Person einen Ruf in Form einer äußeren oder inneren Stimme. Nach anfänglichen, oft beträchtlichen Widerständen kann der designierte Held nicht anders als diesem Ruf folgen, auch wenn er spürt, dass damit große Veränderungen in seinem Leben verbunden sein werden. Oft ist es die Begegnung mit unerwarteten Helfern oder das Entdecken übernatürlicher Kräfte in sich, das ihm den Mut verleiht, sich auf das von ihm geforderte Abenteuer einzulassen. Der Held muss in der Folge verschiedene Aufgaben lösen und beträchtliche Gefahren bewältigen. Ein erster dramatischer Höhepunkt der Heldengeschichte ist meist der Punkt, an dem der Held zu einer Art Schwelle kommt, an der es kein Zurück mehr gibt und die es zu überschreiten gilt. Diese Schwelle symbolisiert den Übergang in eine andere Welt, sprich in ein neues und höheres Bewusstsein und sie wird von einem mächtigen Ungeheuer, Dämon, Drachen oder Wächter bewacht, den es zu überwältigen gilt. Der Kampf mit dem „Hüter der Schwelle" repräsentiert die intensivste Form der Auseinandersetzung mit unseren grundlegenden Ängsten.

Hat der Held die Schwelle einmal überquert und somit seine Initiation und Transformation vollführt, so kann er seine wohlverdiente Belohnung entgegennehmen – meist in Form eines wertvollen Schatzes oder einer geliebten Person. Heil (von „holos" = ganz) und mit einem neuen Bewusstsein kehrt der Held schließlich nach Hause zurück, wo er mit offenen Armen empfangen wird.

## Gnade

Der Held auf seinem abenteuerlichen Weg zu seinem Selbst stößt immer wieder auf Hindernisse, kommt immer wieder an Abgründen und steilen Klippen vorbei, die ihm auf den ersten Blick unüberwindbar erscheinen. Er erfährt Grenzsituationen, in denen er aus eigener Kraft allein nicht mehr weiterzukommen scheint. Momente der vermeintlichen Stagnation und des Kontrollverlusts konfrontieren ihn mit seinen Urängsten und zeitweise erwächst daraus sogar Verzweiflung. Es scheint kein Vorwärts mehr zu geben, aber auch kein Zurück. Und je mehr der Mensch gegen diesen Zustand anzukämpfen versucht und einen schnellen Fortschritt erzwingen möchte, umso mehr verstrickt und verheddert er sich – vergleichbar einer zappelnden Fliege im Spinnennetz. In diesem Stadium seines Entwicklungsweges muss der Mensch lernen, die Ungreifbarkeit seines Daseins zu bejahen und sich ihr geduldig und vertrauensvoll hinzugeben. Jedoch genau diese Situation des Nicht-Mehr-Handeln-Könnens, des Geschehen-Lassens und Sich-Ergebens ist es, in der er oft sprungartig und gänzlich unerwartet zu seiner Erlösung und damit zu seiner wirklichen Existenz gelangt. Angst und Verzweiflung wandeln sich wie aus heiterem Himmel zu Gelassenheit und Gewissheit. Dieser „Sprung aus der Angst zur Ruhe ist der ungeheuerste, den der Mensch tun kann."[22] Und aus eigener Kraft allein wäre dieser Quantensprung wohl kaum möglich gewesen. So scheint das Widerfahren von Gnade, das Erleben einer transzendenten Macht eine wesentliche Etappe jedes Individuationsprozesses zu sein.

„Bittet, so wird euch gegeben; suchet, so werdet ihr finden, klopfet an, so wird euch aufgetan!"[23], ermutigte uns schon Jesus. So gehört die gewonnene Gewissheit, geleitet und unterstützt zu sein, zu den wunderbarsten Erfahrungen, die der selbstverwirklichende Mensch machen kann.

## Der Wille

*„Den Willigen führt das Schicksal, den Unwilligen zerrt es."*[24]
*(Seneca)*

Der Wille ist ein unverzichtbares Werkzeug auf unserem Weg zur Selbstverwirklichung. Unser Wille ist die Fähigkeit, durch bewusste Motivation Wahlen zu treffen und unser Bewusstsein auf ein Ziel auszurichten. Der Wille zeichnet sich vor allem durch folgende zwei Komponenten aus: erstens die vorwärts gerichtete Energie, die Entscheidungen fällt und uns in Aktion versetzt, zweitens die Fähigkeit, den gewählten Weg zielgerichtet, konsequent und ausdauernd zu verfolgen. Er hilft uns zu fokussieren und ein ungetrübtes Vorstellungsbild im Mittelpunkt unserer Aufmerksamkeit zu festigen.

Viele Menschen fühlen sich unfrei, sehen sich als Opfer und Spielball eines unberechenbaren Schicksals. Sie vergessen, dass es die Fähigkeit ist, bewusste Wahlen zu treffen, die sie von allen anderen Lebewesen unterscheidet. Wählen zu können bedeutet Freiheit. Unsere Wahlfreiheit ist allerdings eng mit dem Grad unserer Bewusstheit verbunden, ist doch der noch im Dämmerzustand der Unbewusstheit gefangene Mensch weitgehend unkontrollierten und unreflektierten Impulsen ausgeliefert. Erst der wirklich erwachsene und somit „erwachte" Mensch entwickelt den Mut, als Mitschöpfer Verantwortung zu übernehmen und seinem Leben mit Hilfe seines Willens eine Richtung zu geben.

„Das Ungeheure, das einem Menschen eingeräumt ist, ist die Wahl, die Freiheit"[25], erinnert uns der dänische Philosoph Kierkegaard und spricht von drei möglichen Stadien auf unserem Lebensweg. Danach verhält sich der Mensch im ersten, dem ‚ästhetischen Stadium', weitgehend passiv und genießend, er folgt – vorwiegend unbewusst – dem Lustprinzip und der Zerstreuung, ohne aber wirklich Verantwortung für sein Leben zu übernehmen. Identifiziert mit den Verlockungen der äußeren Welt strebt er nach Lustgewinn, nach Geld, Erfolg und Anerkennung.

Erst im zweiten, dem ‚ethischen Stadium', findet der Mensch zu sich selbst – meist ausgelöst durch eine Lebenskrise. Durch das Ringen mit seiner Verzweiflung und seinen Ängsten erklimmt er einen höheren Standpunkt, der es ihm ermöglicht, gewissenhaft über seinen Lebensweg zu reflektieren. So beginnt er sein wahres Wesen Schicht um Schicht aufzudecken. Er erkennt, was alles in seinem Leben ihm wirklich grundlegend und wichtig ist und findet darin seine möglichen Aufgaben. Der Mensch in Kierkegaards ethischem Stadium fasst den Mut, bewusst Wahlen zu treffen und Entscheidungen zu fällen.

Doch solange sein Wirken ausschließlich auf die endliche Welt beschränkt ist, findet der Mensch nicht zur Erfüllung seiner Sehnsüchte. Erst wer mit der Unendlichkeit in Kontakt tritt, tritt in „Rück-Bindung" („re-ligio") mit seiner Essenz und Quelle und erreicht so das dritte, das „religiöse Stadium". Die Befreiung des sich selbst verwirklichenden Menschen von Verzweiflung und Angst geschieht demnach für Kierkegaard durch den „Sprung in den Glauben" und die damit verbundene tiefe Gewissheit, in vollständiger Harmonie und Einheit mit Gott zu sein.

## Das Ego

Voraussetzung für einen klugen Einsatz unseres Willens ist ein „gesundes" Ego. Doch wann ist unser Ego „gesund"? Immer dann, wenn es auf dem ihm zugehörigen Platz wirkt – nämlich als unser Diener und nicht als unser Herrscher.

Unser Ego ist hauptsächlich am rationalen Bewusstsein orientiert und insofern durch die relativ schmale Bandbreite unserer Ratio sprich Vernunft begrenzt. „Ratio" heisst wörtlich „Teilung". So neigt unser verstandesorientiertes Ego dazu, alles, was es beobachtet, auf den kleinsten gemeinsamen Nenner zu reduzieren. Da es selektiv wahrnimmt, fällt es ihm leichter, Unterschiede wahrzunehmen als Gemeinsamkeiten. Es beleuchtet jeweils nur einzelne Teilaspekte der Ganzheit. All unsere mentalen Aktivitäten wie Analysieren, Deuten, Vergleichen, Urteilen, Zweifeln und Definieren sind Aktivitäten unseres Ego und immer wenn es die alleinige Herrschaft übernimmt, hindert unser Ego uns daran, die Wirklichkeit als das zu sehen, was sie in ihrer Gesamtheit und Fülle wahrlich ist.

Unser Unbewusstes hingegen kennt diese Begrenzung nicht, Es steht jederzeit in Verbindung mit der Ganzheit, mit der Unendlichkeit. Aus diesem Grund ist es so essentiell, dass wir den Kontakt zu unserem Unbewussten pflegen und dass wir wahrnehmen, was es uns an Bildern, Träumen und Symbolen anbietet, denn ohne das Wirken eines archetypischen Impulses ist keine fruchtbare Kreation und Entwicklung möglich.

Wollte man die Essenz des Buddhismus in nur vier Worte fassen, könnte man sagen: „Kein Ego, keine Probleme." Kein Zweifel: Das Ego ist der Urheber all unserer Begierden und Anhaftungen. Es erzeugt all unsere Erwartungen, wie das Leben sein sollte und all unsere Widerstände gegen das, was uns das Leben effektiv präsentiert. Solange es die Herrschaft über unser Wesen hat, ist das Ego gewiss der Urheber allen Leids. Bewusst eingesetzt jedoch - als unser Diener - kann es uns wertvolle Dienste erweisen. Es ist quasi unser Werkzeugkoffer für die Welt und hilft uns, adäquat und erfolgreich mit den Anforderungen der greifbaren Realität umgehen zu können. Zwar schneidet es uns immer vom ganzheitlichen Erfassen der Wirklichkeit ab, indem es die Fülle des Lebens in Einzelteile zersplittert. Vergleichbar mit einem Fernrohr hilft es uns jedoch, einzelne Aspekte des Universums genauer fokussieren zu können.

Wer aber, wie so viele Menschen, durch und durch mit seinem Ego identifiziert ist, der gerät früher oder später in Konflikt mit seinem Unbewussten „und aus diesem Konflikt ergibt sich der größte Teil unserer psychischen Probleme. Wenn wir uns aber der Grenzen des Ego bewusst werden und seine Beziehung zum Unbewussten verstehen, dann haben wir eine echte Möglichkeit, zur wahren geistigen Gesundheit zu finden. [26]

## Sein, Haben und Tun

Der egogesteuerte Mensch hat die Neigung, sein Leben mit den Tätigkeiten in seinem Leben gleichzusetzen und vergisst dabei, dass das Leben seinen Sinn in sich selbst hat. Gefangen in der Geschäftigkeit, im betriebsamen Tun, hat er sich weitgehend von seiner inneren Essenz, von seinem Sein, entfremdet.

Ich möchte in der Folge zwei gegensätzliche Prinzipien oder Grundmotivationen skizzieren, aus denen heraus wir dem Leben begegnen können: das am männlichen Prinzip orientierte „Tun-Haben-Sein" und das am weiblichen Prinzip orientierte „Sein-Haben-Tun".

In unserer westlichen, leistungsorientierten Welt dominiert über weite Strecken das „Tun-Haben-Sein". Der Großteil der industrialisierten Gesellschaft definiert sich gerne über das, was er in der äußeren Welt tut. Was der Mensch durch seine Tätigkeit in der Welt darstellt, ist seine größte Antriebskraft. Daraus bezieht er seine Identität. Die

Überzeugung, die dem „Tun-Haben-Sein" zugrunde liegt, könnte folgendermaßen zusammengefasst werden: „Ich muss etwas tun, damit ich etwas habe, damit ich jemand bin." Beispielsweise: „Ich arbeite Tag und Nacht, damit ich Geld und Erfolg habe, damit ich angesehen bin."

Wenn ich nach diesem Prinzip lebe, bin ich das, was ich in der äußeren Welt darstelle. Ich bin identifiziert (vom lateinischen „idem facere" = „gleich machen") mit dem, was ich tue. Da mein Sein abhängig ist von meinem Tun, bin ich unfrei und lebe in ständiger Furcht, ich könnte etwas Falsches tun, das mein Sein bedroht. Die Angst, das zu verlieren, was ich mir durch mein Tun angeeignet habe, ist omnipräsent. Das „Tun-Haben-Sein" ist gelenkt von einer Outside-Inside-Dynamik. Das Außen erschafft und formt mein Innen. Ich tue etwas im Außen, damit ich etwas im Innen sein kann.

Das „Sein-Haben-Tun" dagegen entspringt einer Inside-Outside-Dynamik. Das Innen formt und prägt das Außen. „Ich bin einzigartig und habe ganz bestimmte Fähigkeiten und Gaben. Diese erkenne ich als meine Aufgaben und trete damit in der Welt in Aktion (= tun)." Der Mensch ist in Kontakt mit seiner Essenz (vom lateinischen „esse" = „sein"), spürt die kreativen Impulse, die aus seinem Inneren auftauchen und setzt sie in Taten um. Er erschafft von innen heraus seine Wirklichkeit in der äußeren Welt.

Wer in Kontakt mit dem Sein ist, ist in Berührung mit seinem Selbst und somit in Verbindung mit der ganzen Welt. Sein Handeln ist nicht Zweck und Mittel, ein bestimmtes Ziel zu erreichen, sondern ist das Ziel selbst. Die Bhagavadgita bringt es mit folgenden Worten Krishnas auf den Punkt: "Die Unwissenden handeln, weil sie dem Handeln verhaftet sind; auch der Weise möge handeln, aber frei von jedem Haften und einzig um des Besten der Welt willen!"[27]

## Eigensinn

Abgeschnitten von seinem Sein lebt der Mensch nicht sich selbst, sondern er lebt, wie „man" lebt und tut, was „man" tut. Er ist ständig krampfhaft darum bemüht, sich der Norm anzupassen und möglichst so zu sein, wie es die Konvention vorschreibt. So zu handeln und zu denken wie all die anderen, gibt ihm ein Gefühl von Zugehörigkeit und demzufolge ein Gefühl von scheinbarer Sicherheit im Schoße des Kollektivs. Der konformistisch ausgerichtete Mensch bezieht sein Selbstwertgefühl aus dem Streben nach Anerkennung und Ansehen durch sein direktes soziales Umfeld. Unreflektiert unterwirft er sich den gesellschaftlichen Forderungen, die oft gar nicht seinen persönlichen tiefsten Bedürfnissen, seinem eigenen Sinn entsprechen. So mancher Mensch setzt sich über weite Strecken seines Lebens unter immensen Druck, „etwas" zu werden, was er seinem Wesen nach gar nicht ist und gar nie sein kann. Doch egal, wie viel Ansehen und Applaus er auch generiert, ganz zufrieden fühlt er sich nie: In der Tiefe seiner Seele quält ihn eine diffuse, ungestillte Sehnsucht nach der Erfüllung seines ureigenen Lebens. Unser Gewissen kann im Verlaufe unserer Entwicklung immer differenziertere Formen annehmen. Während unser anfängliches kindliches Gewissen noch auf der Angst vor Bestrafung basiert, entwickeln wir in der Folge als Mitglieder einer Gemeinschaft zunehmend ein soziales Gewissen, welches sich an den Erwartungen unseres sozialen Umfeldes orientiert. Wenn wir schließlich im Verlaufe unserer Bewusstwerdung lernen, unseren inneren Auftrag zu erkennen und ihm zu folgen, wächst in uns ein absolutes Gewissen heran, welches die Grenzen der Konvention zu durchbrechen wagt, da es sich einem höheren, inneren Gesetz verpflichtet fühlt. Von diesem Moment an fühlen wir uns verantwortlich, den eigenen Sinn zu erfüllen.

Merkwürdigerweise ist das Wort „Eigensinn" in unserer Gesellschaft meist negativ behaftet und gilt eher als Laster denn als Tugend. Nahezu alle Tugenden, die der angepasste Mensch erstrebenswert findet, beruhen auf Gehorsam. Hermann Hesse, ein engagierter Verfechter des

Eigensinns, schreibt: „Tugend ist: Gehorsam. Die Frage ist, wem man gehorche. Nämlich auch der Eigensinn ist Gehorsam. Aber alle andern, so sehr beliebten und belobten Tugenden sind Gehorsam gegen Gesetze, welche von Menschen gegeben sind. Einzig der Eigensinn ist es, der nach diesen Gesetzen nicht fragt. Wer eigensinnig ist, gehorcht einem anderen Gesetz, einem einzigen, unbedingt heiligen, dem Gesetz in sich selbst, dem ‚Sinn' des ‚Eigenen'."[28]

Die Entscheidung, dem Weg des eigenen Sinns zu folgen, konfrontiert uns unweigerlich mit Gefühlen der Einsamkeit, denn die „Absonderung von der Ununterschiedenheit und Unbewusstheit der Herde"[29] wirft uns erstmal auf schmerzhafte Weise auf uns selbst zurück. Den eigenen Sinn leben, heißt die sichere Stadt am Fuße des Berges zu verlassen, um sich alleine auf den Weg zu machen in Richtung Gipfel. Unterwegs zum Gipfel werden wir aber früher oder später gleich gesinnten Menschen begegnen, denen wir uns näher und inniger verbunden fühlen als der breiten Masse, die es vorgezogen hat, in der sicheren Stadt zu bleiben.

Je näher wir dem Berggipfel, je näher wir unserem Selbst kommen, umso mehr schwindet das Gefühl von Isolation und Einsamkeit. Wir realisieren, dass in der anonymen Menge die eigentliche Isolation liegt. Je mehr wir in Kontakt kommen mit unserem Kern, umso mitfühlender und verantwortungsbewusster werden wir unseren Mitmenschen gegenüber und umso authentischer und freier können wir ihnen begegnen. Erst dann ist tiefe und echte Beziehung möglich.

Sinn unseres Daseins ist es, ganz wir selbst zu sein. Ein JA zur Selbstverwirklichung ist ein JA zur möglichst vollkommenen Entfaltung unseres eigenen Wesens, ein JA zur Erfüllung des eigenen Sinns.

## Hindernisse und Widerstände

Was hindert den Menschen an seiner Selbstverwirklichung? Was hält ihn davon ab, seiner Bestimmung zu folgen? Selbstverwirklichung ohne Überwindung äußerer und innerer Widerstände und Hindernisse ist eine Illusion. Der Weg zu unserem Selbst ist kein lockerer Sonntagsspaziergang; er führt uns über hohe Berge, durch tiefe Schluchten und durch dunkle Gewässer. Selbstverwirklichung erfordert deshalb vor allem drei Tugenden, nämlich Mut, Vertrauen und Liebe. Wenn wir den Gegenpol zu Mut, zu Vertrauen und zu Liebe suchen, so stoßen wir dreimal auf dieselbe Antwort: Angst. In einer Welt, die dem Gesetz der Polarität unterworfen ist, würden wir Mut, Vertrauen und Liebe gar nicht kennen, wenn es die Angst nicht gäbe. So paradox es scheint: Angst ist Hemmer und Förderer, ist Fluch und Segen zugleich. Wer seinen Ängsten ins Gesicht schaut, mit ihnen ringt und sie schließlich überwindet, wächst über sich hinaus und erfährt, dass viel mehr Mut, Vertrauen und Liebe in ihm/ihr steckt, als er/sie sich vorzustellen wagte.

Folgende Ängste und sonstige Hindernisse gilt es vor allem zu überwinden:

### Die Angst vor der eigenen Schöpferkraft

So absurd es für manche klingen mag: Die Angst vor der eigenen Schöpferkraft ist wahrscheinlich die fundamentalste Angst des Menschen und liegt all seinen anderen Ängsten zu Grunde. Obwohl jeder Mensch behaupten würde, es sei sein Wunsch, sein Leben selbst zu erschaffen, so hat er insgeheim doch Angst vor diesem gewaltigen Schritt zur Selbstverantwortung. Die Angst vor der eigenen Schöpferkraft ist die Angst, die Verantwortung für das eigene Leben übernehmen zu müssen. Von dem Moment an, in dem wir uns entschieden haben, selbstverantwortlicher Schöpfer und Lenker unseres Lebens zu werden, können wir niemand anderen mehr verantwortlich machen für das, was in unserem Leben geschieht. Wir verabschieden uns von jeglicher Form von Opferrolle. Wir entsagen der Gewohnheit, andere Menschen oder äußere Umstände für unser Leben verantwortlich zu machen.

Doch oft lässt sich der Mensch lieber bis zur Erschöpfung fremd lenken, als dass er selbst Schöpfer seines Lebens wird....

### Die Angst, anders zu sein

Individualität und Einzigartigkeit sind in der Vorstellung vieler Menschen gleichbedeutend mit Isolation und Einsamkeit. Die Identifikation mit der breiten Masse gibt ihnen ein Gefühl der Verbundenheit und Zugehörigkeit. Sie orientieren sich an der öffentlichen Meinung und entfernen sich dabei, ohne es zu spüren, zunehmend von ihrem ureigenen inneren Gesetz.

Der selbstverwirklichende Mensch überwindet im Verlaufe seines Individuationsprozesses seine Ängste vor dem Anders-Sein und löst sein Streben mehr und mehr von allen Konventionen los. Sie sind für ihn nicht länger Hindernisse, das zu leben, was er für wirklich bedeutend und grundlegend hält. Ein Mensch, der spürt, was ihm zutiefst entspricht, folgt autonomen, persönlichen ethischen Normen. Trotzdem sieht er sich als Teil einer Gemeinschaft und würdigt die Forderungen und Anliegen seines sozialen Umfeldes. Er lernt, das richtige Gleichgewicht zwischen Anpassung und Eigensinn zu finden.

### Die Angst vor Kontrollverlust

Wer sich auf den Prozess der Selbstverwirklichung einlässt, muss bereit sein, Neuland zu betreten und sich immer wieder von neuem Situationen des Nicht-Wissen-Könnens zu stellen. Jede Veränderung, alles Unvorhersehbare, jeder Schritt in ein neues, unsicheres Feld konfrontiert uns mit der Angst vor Kontrollverlust. Diese Angst lähmt. Allzu oft bleibt daher der Wunsch nach Selbstverwirklichung ein bloßes Konzept, eine vage Idee, denn in der Welt der Ideen und Vorstellungen fühlt man sich zuhause und somit sicher.

Für den Entwicklungsgang unserer Individuation gibt es kein klares Drehbuch. Es gibt kein Rezept, das man studieren und an das man sich halten könnte, denn jeder Weg ist einzigartig. Zwar können uns andere Menschen Vorbild sein - als Quelle der Motivation und als Orientierungshilfe. Vorbilder können in uns eine belebende Resonanz erzeugen, weil sie uns unser eigenes Potenzial spiegeln. Das Bestreben aber, den Weg eines anderen zu kopieren oder das blinde Befolgen vorgegebener Riten, führt uns nicht zum Ziel, sondern ist viel eher kontraproduktiv. Ein buddhistisches Sprichwort bringt diese Tatsache auf radikale Weise zum Ausdruck: „Wenn Du Buddha triffst, töte ihn."

### Statistisches Denken

Ein weit verbreiteter Hemmschuh, der inneren Bestimmung mutig und vertrauensvoll zu folgen, ist statistisches Denken. Jede Statistik stützt sich auf Wahrscheinlichkeit. Wahrscheinlichkeit ist jedoch nur eine Interpretationsmöglichkeit der Realität, welche jegliches Abweichen von der Norm, jegliche Einmaligkeit ausschließt. Jeder Mensch fühlt, dass er einzigartig ist. Sobald er jedoch statistisch denkt und sich an Wahrscheinlichkeiten orientiert, verliert er sein Vertrauen in seine Einzigartigkeit.

### Narzissmus

In unserer postmodernen Gesellschaft nimmt der Narzissmus immer bedenklichere Formen an. Narzisstische Menschen orientieren sich nicht nach ihrem Gefühl, sondern daran, wie sie anderen erscheinen. Sie wahren ein Image auf Kosten ihres Selbst. Ihr ständiges Kreisen um ein unantastbares Ich ist Ausdruck eines schwachen Ichs, welches sich ängstigt, sich auf ein Du, sich auf die Welt außerhalb ihres Ich-Gefängnisses einzulassen. Eine Gesellschaft, in welcher der Schein das Sein unterjocht, in welcher Geld, Macht und äußerer Erfolg einen höheren Stellenwert einnehmen als Würde, Mitgefühl und Weisheit, ist durchtränkt von Narzissmus und boykottiert die Selbstverwirklichung des Einzelnen.

## Ein einengendes Selbstkonzept

Unser Selbstkonzept, unser Bild von uns selbst, setzt sich zusammen aus all den Denkinhalten und Vorstellungen, die wir über uns selbst im Laufe unseres Lebens entwickelt haben. Die daraus entstandenen Überzeugungen über unsere Person und über die Welt führen fast immer zu einer Fehlinterpretation unseres Wesens und engen unser Weltbild massiv ein. Solange wir sie nicht bewusst gemacht haben, verzerren sie unsere Sicht der Dinge und halten uns gefangen in unsichtbaren Fesseln. Schopenhauer zufolge können wir tun, was wir wollen. Aber wir können nicht wollen, was wir wollen. Unreflektierte Überzeugungen, tief eingesessene Gewohnheiten und Vorurteile über uns selbst lähmen uns und hindern uns daran, den Weg zu unserem wahren Selbst in Angriff zu nehmen.

## Der Zweifel

Wo Zweiheit herrscht, entsteht Zweifel. In unserer Welt der Polaritäten ist die Auseinandersetzung mit dem Zweifel unvermeidbar. Und wie die Angst, so hat auch der Zweifel seine dunkle und seine lichte Seite. Die dunkle Seite erscheint offensichtlich: Zweifel bremst und hemmt unseren spontanen Vorwärtsdrang. Wer sich völlig im Zweifel verliert, der verzweifelt und resigniert. Andererseits aber dient der Zweifel unserem Bewusstwerdungsprozess. Er bewegt uns zur kritischen Selbstprüfung und lässt uns hinter die scheinbar feststehenden Fakten des Lebens blicken. Der Zweifel unterwirft die Phänomene der Welt einer differenzierten Betrachtung. Er lässt uns in die Tiefe dringen und ist somit Antrieb zum Philosophieren. Bereits Aristoteles ließ uns wissen, dass der erste Schritt zur Weisheit der Zweifel ist. Vom Zen-Buddhismus kennen wir folgenden Spruch:

Großer Zweifel, große Erleuchtung. Kleiner Zweifel, kleine Erleuchtung. Kein Zweifel, keine Erleuchtung.

## Die Maslowsche Bedürfnispyramide

Seine intensive Auseinandersetzung mit der menschlichen Psyche ließ Abraham Maslow, einen der bekanntesten Vertreter der humanistischen und transpersonalen Psychologie, eine Hierarchie der menschlichen Bedürfnisse erkennen, welche fünf Stufen beinhaltet. Das erste und grundlegendste Bedürfnis des Menschen ist das Stillen seiner physiologischen Grundbedürfnisse. Sind seine physiologischen Bedürfnisse weitgehend befriedigt, entsteht als Nächstes das Bedürfnis nach Sicherheit und auf der dritten Stufe das Sozialbedürfnis, das Bedürfnis des Menschen nach Liebe, nach Zugehörigkeit und Zuneigung. Im weiteren Verlauf entwickelt sich auf der vierten Stufe das Bedürfnis nach Achtung und Anerkennung. Erst wenn diese Bedürfnisse befriedigt sind, kann im Menschen das Bedürfnis nach Selbstverwirklichung entstehen. Maslow schreibt: „Auch wenn alle diese Bedürfnisse (Stufe 1-4) befriedigt sind, wird man häufig (wenn auch nicht immer) erwarten können, dass neue Unzufriedenheit und Unruhe entsteht, wenn der einzelne nicht das tut, wofür er, als Individuum, geeignet ist. Musiker müssen Musik machen, Künstler malen, Dichter schreiben, wenn sie sich letztlich in Frieden mit sich selbst befinden wollen. Was ein Mensch sein kann, muss er sein. Er muss seiner eigenen Natur treu bleiben. Dieses Bedürfnis bezeichnen wir als Selbstverwirklichung."[30]

Maslow unterscheidet zwischen Defizitbedürfnissen und Wachstumsbedürfnissen. Während die „niedrigeren" Stufen aus einer Mangelmotivation entstehen, entspringen die „höheren" Stufen, vor allem das Bedürfnis nach Selbstverwirklichung, einer Wachstumsmotivation.

Sich der persönlichen Selbstverwirklichung widmen zu können, gehört zu den Privilegien unserer zivilisierten westlichen Welt, weil hier die „niedrigeren" Bedürfnisse über weite Strecken befriedigt werden. Dies ist jedoch weit mehr als nur ein Privileg. Vielmehr erwächst daraus auch die Verantwortlichkeit und Verpflichtung, einen aktiven Beitrag zur Evolution des menschlichen Bewusstseins zu leisten. Wer sich persönlich entwickelt, wer innerlich wächst, der hilft der menschlichen Gemeinschaft zu wachsen und zu erwachen. Dies zu spüren und zu erfahren, kann zusätzliche Motivation und Antrieb sein, die eigene Selbstverwirklichung hingabe- und kraftvoll zu verfolgen.

## Was „selbstverwirklichende Menschen" auszeichnet

Was zeichnet Menschen aus, die ihrer Selbstverwirklichung unbeirrt folgen?
Im Verlaufe seiner Forschungen ging Maslow dieser Frage nach und kam dabei zum Schluss, dass Menschen, die auf dem Weg zu ihrem Selbst schon weit fortgeschritten sind, durch folgende Eigenschaften hervorstechen. [31]

Sie...

... sind imstande, ihre eigene menschliche Natur in stoischer Art zu akzeptieren, mit allen ihren Unzulänglichkeiten, Diskrepanzen, Abweichungen vom Idealbild.

... haben gewöhnlich irgendeine Aufgabe im Leben, eine Mission, ein Problem außerhalb ihrer selbst, auf das sie viel von ihren Energien verwenden.

... haben mehr ‚freien Willen' und sind weniger ‚determiniert' als die durchschnittliche Bevölkerung.

... haben die wunderbare Fähigkeit, die grundlegenden Lebensgüter mit Ehrfurcht, Freude, Staunen und sogar Ekstase immer wieder, unverbraucht und naiv, hochzuschätzen, wie schal auch diese Erfahrungen für andere geworden sind.

… haben für menschliche Wesen im Allgemeinen ein tiefes Gefühl.

… haben tiefere und wertvollere interpersonelle Beziehungen als alle anderen Erwachsenen (obwohl nicht notwendigerweise tiefer als Kinder)."

… können mit allen Menschen jeden Charakters freundlich sein und sind es, ungeachtet der Klasse, Erziehung, des politischen Glaubens, der Rasse oder Hautfarbe.

… zeigen in der einen oder anderen Art eine besondere Kreativität oder Originalität oder Erfindungsgabe, die bestimmte bezeichnende Merkmale hat.

Man kann sie autonom nennen, das heißt, von den Gesetzen beherrscht, die sich aus ihrem eigenen Charakter ergeben und nicht von jenen der Gesellschaft."

Es gelingt ihnen, Gegensätze, Polaritäten oder Dichotomien aufzulösen und „als im Innern verschmolzen und miteinander zu einer Einheit verwachsen" und komplementär zu betrachten.


## Schlussgedanken

Unser JA zur Selbstverwirklichung entspringt einem tiefen Gefühl der Verpflichtung und Verantwortung für unser Leben und gleichzeitig für die Welt, in der wir leben. Wir erkennen: Wir sind ein aktiver Teil des evolutionären Prozesses und durch unser authentisches Sein und Handeln können wir die Zukunft der Menschheit mitgestalten. Wir fühlen uns aktiv eingebunden in den Entwicklungsgang der Welt und die Fixierung auf unser isoliertes Ich tritt in den Hintergrund.

Selbstverwirklichung ist nicht zuletzt Ausdruck einer großen Dankbarkeit und Wertschätzung für unsere Schöpferkraft und für all die Möglichkeiten, die in uns angelegt sind. Sie ist das größtmögliche Geschenk, das wir uns selbst und der Welt machen können. Nie spüren wir unsere Lebendigkeit und Kraft stärker als in der Hingabe an unsere Lebensaufgabe. Sie zu erkennen und ihr unverfälscht zu folgen, erschafft Präsenz, Achtsamkeit und Mitgefühl – alles Kräfte, die wir in uns in diesem Maße bisher für unmöglich gehalten hätten.

Verbunden mit unserem Selbst, kommen wir in Berührung mit der grenzenlos schöpferischen Fülle des Kosmos. Wir spüren, dass es unsere Aufgabe ist, einen Funken Gottes in diese Welt zu bringen, der nur durch uns in dieser Welt strahlen kann. In letzter Instanz ist Selbstverwirklichung ein religiöser Akt, führt sie doch zur Rückverbindung mit dem göttlichen Kern in uns. Uns selbst zu verwirklichen, bedeutet Gott zu verwirklichen. Ein schönes chinesisches Sprichwort bringt es auf den Punkt:

*„Ich bat den Mandelbaum: Erzähle mir von Gott.*
*Da fing er an zu blühen.“*

# KAPITEL 3

## JA zu Leid und Schmerz

*„Wer nie sein Brot mit Tränen aß,*
*Wer nie die kummervollen Nächte*
*Auf seinem Bette weinend saß,*
*Der kennt euch nicht, ihr himmlischen Mächte."*
*(Goethe)*

*Einleitung*

*„No shit, no lotus"*
*(Thich Nhat Hanh)*

Die Lotusblüte, ein Sinnbild des Ostens für Reinheit, Ganzheit und spirituelle Befreiung, braucht schlammiges Wasser, um zu gedeihen. Der Nährboden für ihre Wurzeln besteht aus Dreck und Schlamm. Ohne Dreck und Schlamm keine reine, weiße Lotusblüte.

Die Alchemisten des Mittelalters betonten, dass der „Stein der Weisen" im Mist gefunden werde. Die Menschen kommen jedoch kaum auf die Idee, ihn gerade dort zu suchen.

Der Mensch betrachtet seine Nöte und seinen Schmerz gerne als nutzlosen „Mist" und übergeht dabei den potenziellen Zweck und Sinn, der darin versteckt liegen könnte. Es liegt nahe, alles Leiden, jede Krankheit auf den ersten Blick als eine nutz- und sinnlose Plage zu betrachten. Schnell einmal fühlt sich ein schmerz- und leidgeplagter Mensch vom dynamischen Pulsieren des Lebens abgeschnitten, fühlt sich als Opfer eines zufälligen, hinterrücks einbrechenden Schicksals. Unser Wunsch,

Leid zu vermeiden und von uns fern zu halten, ist ganz natürlich. Er ist die „erste Natur" des Menschen. Wenn aber Leid da ist, sind wir vor die Aufgabe gestellt, es zu bejahen und uns Mächten anzuvertrauen, die stärker sind als unser Ich. Die Fähigkeit zur Annahme und Hingabe wird zu unserer „zweiten Natur".

Am Anfang jeder Krise steht das Hadern. Der Mensch bäumt sich auf, leistet inneren Widerstand. Er kann sich anfangs nur schwer vorstellen, dass seine Frustration und Verdrossenheit eine schöpferische Potenz in sich trägt, dass inmitten seines Leidens unter Umständen große Entwicklungsmöglichkeiten verborgen liegen. Krishnamurti geht so weit zu sagen, dass diejenigen, die überhaupt nicht unglücklich sind, schon tot sind. Reifende Unzufriedenheit sei Anfang und Antrieb, schöpferisch zu werden. Dies sei der einzige Weg, allmählich herauszufinden, was die eigene Wahrheit ist, ja sogar was Gott ist. Nur derjenige Mensch, an dem der Schmerz nagt, beginnt Fragen zu stellen, lernt, in die Tiefe zu dringen. Das Leben drängt laufend nach Entwicklung. Wann immer innerer Stillstand droht, konfrontiert es uns mit Herausforderungen, an denen wir wachsen können. Deshalb kann uns nichts geschehen, das nicht das Potenzial einer Weiterentwicklung und Wandlung in sich trägt. Jede Lebenskrise kann uns Impuls zu Erweiterung und innerem Erkennen sein.

Aus der Sicht des Hinduismus leben wir in einer „Welt der Mitte": Über uns der helle Himmel, unter uns das dunkle Schattenreich. Wir bewegen uns im Schnittpunkt von Hell und Dunkel, von Gut und Böse, von Freude und Leid, welche in unserer Welt zu etwa gleichen Anteilen durchmischt sind. Das Spiel der Polaritäten ist belebender Bestandteil unseres irdischen Daseins. In diesem Sinne ist das Leben stets ein Konflikt, denn es bedeutet immer den Zusammenstoß zweier Neigungen, zweier entgegengesetzter Pole, die in Einklang gebracht werden wollen. Wer sich also das reine Paradies auf Erden ersehnt, wird enttäuscht werden. Er verkennt den Sinn unseres Daseins. Unser Leben ist ein Trainingscamp, mit dem Ziel und Zweck, unseren Charakter zu formen, uns innerlich wachsen und zunehmend ganz werden zu lassen, indem wir lernen, die Gegensätze wie durch eine Regenbogenbrücke miteinander zu verbinden. Es ist unsere Aufgabe, in diesem Training stets unser Bestes zu geben, jedoch ohne diesem irdischen Dasein vollends verhaftet zu sein. So müssen wir im Verlaufe unserer Entwicklung innewerden, dass wir dem Jenseits ebenso verpflichtet sind wie dem Diesseits.

Wem es gelingt, seinen Schmerz – sei es eine Krankheit oder eine seelische Not – guten Mutes anzunehmen und sich einer inneren, vielleicht auch äußeren Führung anzuvertrauen, kann immer wieder einen Bewusstseinssprung vollziehen und über sein Leid hinauswachsen. Er leistet einen bedeutenden Beitrag – nicht bloß zu seinem persönlichen Wachstum, sondern auch zur kollektiven Transformation. Wie uns das Vorbild Jesu' auf bewegende Weise zeigt, kann jeder, der sein Kreuz hingabevoll trägt, zum Gesinnungswandel der Welt beitragen. Die Energie, die jedem Leid innewohnt, trägt eine enorme persönliche wie kollektive Verwandlungskraft in sich.

## Alles, was kommt, willkommen heißen

*„Dieses Menschsein ist wie ein Gasthaus –*
*jeden Morgen eine neue Ankunft.*
*Eine Freude, eine Depression, eine Gemeinheit,*
*irgendein augenblickliches Gewahrsein kommt*
*als ein unerwarteter Besucher.*
*Heiße sie alle willkommen und bewirte sie!*
*Selbst wenn es sich um eine Schar von Heimsuchungen handelt,*
*die dein Haus mit brutaler Macht all seiner Möbel berauben,*
*solltest Du doch jeden Gast in Ehren empfangen.*
*Vielleicht räumt er dich ja nur aus,*
*damit du Platz für eine neue Freude hast!*
*Der dunkle Gedanke, die Beschämung, die Bosheit,*

*empfange sie lachend an der Eingangstür*
*und bitte sie herein.*
*Sei dankbar für jeden, der da ankommt,*
*denn jeder wurde dir vom Jenseits*
*als Führer auf dem Weg gesandt.* " [32]
*(Rumi)*

Rumi, der große Dichter des Sufismus, ermuntert uns in seinem Gedicht vom Gasthaus, alle Widrigkeiten des Lebens frohen Mutes willkommen zu heißen und zu bejahen. Und er geht mit seiner Aufforderung noch einen Schritt weiter: Sogar dankbar sollen wir für sie sein! Dies mag für manche von uns fast zynisch klingen, ist doch unsere erste Reaktion auf die schmerzvollen Herausforderungen des Lebens meist in jeder Beziehung anders geartet: Wir begegnen ihnen zunächst einmal mit innerer Abwehr und großem Widerstand.

Der spontane Drang, schmerzhafte Erfahrungen zu vermeiden und abzuwehren, ist Ausdruck eines ursprünglichen Überlebensinstinkts, dessen Aufgabe es ist, unser physisches wie psychisches Wohlergehen zu schützen und zu bewahren. Er ist insofern ganz natürlich und macht – je nach Art und Ausmaß der Bedrohung – zuweilen auch Sinn. Wieso dann sollen wir Rumis Aufforderung befolgen? Wieso sollen wir JA sagen zu Leid und Schmerz?

Die übermäßige Abwehr von schmerzhaften Erfahrungen hat einen hohen Preis. Sie trennt uns ab von unserem inneren Erleben, von unseren Empfindungen und Gefühlen. Wer sich von seinem Innenleben abspaltet, vermindert seine Lebendigkeit. Das Leben verliert an Tiefe, es wird flach. Das Verdrängen, die Verlagerung quälender Bewusstseinsinhalte ins Schattenreich des Unbewussten, hat außerdem zur Folge, dass die verdrängten Affekte eine Eigendynamik annehmen und früher oder später in noch schmerzhafterer Form wieder an die Oberfläche treten. Spätestens dann kommen wir nicht mehr darum herum, uns bewusst mit ihnen auseinanderzusetzen.

Jeder Neuankömmling in unserem Gasthaus möchte willkommen geheißen und bewirtet werden. Er kann uns laut Rumi ein wertvoller Führer auf unserem Weg sein. Hinter jeder Krankheit, hinter jedem seelischen Schmerz versteckt sich eine Botschaft, die empfangen und entschlüsselt werden will. Jede starke Emotion, jede tiefgehende Empfindung, jedes quälende Symptom – alle sind sie Träger einer Information und tragen in sich das Potenzial, uns zu transformieren. Wir können sie als Korrekturversuche unseres tiefsten Wesenskerns erkennen, deren Ziel es ist, unser Bewusstsein zu berichtigen und zu erweitern. Aus dieser Sichtweise dient manch anfangs unwillkommener Gast unserer Heil- und Ganzwerdung. Krankheit und Schmerz stehen im Dienste einer „höheren Gesundheit" (Nietzsche).

## Ursachenforschung

Jede Lebenskrise, jede Krankheit, jede seelische Not hat wohl einen lebensgeschichtlichen Hintergrund. Eine der ersten Reaktionen des Menschen auf einbrechendes Leid ist fast immer die Frage nach dem „Warum", die Suche nach den in der Vergangenheit liegenden Ursachen. Viele Menschen betreiben Ursachenforschung vorwiegend aus der Perspektive einer „causa efficiens", d.h. sie sehen ihr Leid und ihren Schmerz ausschließlich als Folge äußerer Umstände, die irgendwo in der Vergangenheit zu finden sind. Das analytische Durchleuchten ihrer Lebensgeschichte in einem therapeutischen Kontext kann ihnen dabei helfen, alte Konditionierungen und dysfunktionale Verhaltensmuster aufzudecken, die es zu korrigieren gilt. Dies unterstützt den Bewusstwerdungs-Prozess und fördert die Selbsterkenntnis. Viele Therapieansätze betreiben hauptsächlich diese vergangenheitsorientierte Form von Ursachenforschung, ignorieren dabei aber die Möglichkeit eines „Wozu", eines mit dem Leid verknüpften finalen Zwecks oder Ziels. Sie ziehen nicht in Erwägung, dass alles Leiden an Körper und Seele einen lebensdienlichen Sinn in sich tragen könnte, welcher Wachstum und Reifung bewirken möchte. Aus finaler Sicht steckt hinter jeder Krankheit der Versuch der Natur, nicht nur Symptome, sondern den Menschen von Grund auf zu heilen.

Wer in Leid und Krankheit keinen schöpferischen Sinn erkennen kann, verliert sich gerne in Fragen wie: Was habe ich bloß falsch gemacht...? Wie habe ich dies nur verdient...? Wofür werde ich so bestraft...? Er sieht in seinem Leiden die Bestätigung dafür, dass er etwas „falsch" gemacht hat, dass er „falsch" gelebt hat und jetzt dafür zur Rechenschaft gezogen wird. Solche Gedanken führen gerne zu einer Doppelbelastung: Zum schon vorherrschenden Schmerz gesellen sich Gefühle von Schuld, Scham und Selbstverurteilung. Die Auflehnung gegen den Schmerz und die Tendenz, ihn mit allen Mitteln zu bekämpfen, nimmt zu.

Für den Menschen aber, der in Krankheit und Leid eine entwicklungsfördernde Dimension erahnt, wird aus dem vergangenheitsbezogenen „Warum?" ein vorwärtsgerichtetes „Wozu?": Plötzlich stehen andere Fragen im Zentrum: Wozu kann es mir dienen...? Was ist die Botschaft dahinter...? Welche neue Erfahrungsebene will sich mir eröffnen...? Wohin möchte es mich führen...?

Leid und Schmerz gehören zu jedem Individuationsprozess. Unser Selbst, die überpersönliche Instanz in uns, der transpersonale Kern unseres Wesens, drängt stets nach Wachstum und Entwicklung. Unser Selbst möchte all dies zur Entfaltung bringen, was als Potenzial in uns angelegt ist. Aus dieser Sicht hat jede Begegnung mit Leid und Schmerz eine sinnerfüllte, finale, auf ein Ziel hinstrebende Ursache und dieses Ziel heißt Ganzheit. Das Wort ‚Schicksal' bekommt eine völlig neue Bedeutung. Es wird nicht länger als eine Vorbestimmung verstanden, der wir hilflos ausgeliefert sind. Viel eher erkennen wir dann unser Schicksal als „die Entfaltung des Selbst-Archetypus in Raum und Zeit". Nicht eine von außen einwirkende Kraft, beispielsweise ein richtender Gott, ordnet unser Leben, sondern unser innerster Wesenskern – mit dem Ziel, unser Bewusstsein zu ergänzen und zu erhöhen. Das Wort ‚Schicksal' erhält seine ursprüngliche Bedeutung zurück: Das, was uns Heil (salus = lat. Heil, Wohl) schickt.

## Krankheit

Der Mensch betrachtet Krankheit als Unheil, das vermieden werden muss. Wenn sie ihn dann doch befällt, will er sie so schnell wie möglich und mit allen verfügbaren Mitteln wieder loswerden. Also lässt er sich vom Arzt ein Gegenmittel verschreiben oder er lässt sich die Plage notfalls wegoperieren. Hauptsache, alles wird wieder genauso wie vorher!

Zur bösen Überraschung des Patienten kehrt das Übel aber nicht selten in derselben oder in ähnlicher Form wieder zurück. Oder eine neue Beschwerde ersetzt die alte, die vermeintlich erfolgreich bekämpft worden war. So beginnt der Kreislauf immer wieder neu, ohne dass sich im betroffenen Menschen etwas grundsätzlich verändert hätte.

Leben ist Bewegung und jede Krankheit ist Ausdruck eines Stillstands oder Festgefahren-Seins. Jede Krise (vom griech. ‚krisis' = Entscheidung) signalisiert uns, dass wir an einem Wendepunkt angelangt sind, dass eine Entscheidung ansteht, dass wir von etwas Altem, Überlebtem scheiden sollen. Doch Loslassen ist schmerzhaft. Gewöhnlich öffnet sich der Mensch erst dann für die notwendige Veränderung, wenn der Schmerz, immer der Alte zu bleiben, größer wird als der Schmerz des Loslassens und Sich-Wandelns.

Unsere Psyche verfügt über eine beeindruckende autonome Entwicklungstendenz. Das Selbst, der uns allen innewohnende göttliche Funke und Kern unseres Wesens, drängt fortwährend nach Wachstum und Verfeinerung. Wann immer seelischer Stillstand droht, werden innere Prozesse in Gang gesetzt, die im Dienste unserer Persönlichkeitsentfaltung und -reifung stehen. Geraten die Absichten und Vorstellungen unseres Ich in Widerstreit mit den Intentionen unseres Selbst, entstehen

Leid, Schmerz, Krankheit. Das Ich gerät in Not, weil etwas Größeres in sein Leben einbricht und seine Pläne durchkreuzt.

Aus tiefenpsychologischer Sicht ist Krankheit das Resultat eines nachhaltigen Konflikts zwischen personalem und transpersonalem Bewusstsein. Das Ich beharrt auf seinen fixierten Vorstellungen, Mustern und Ansprüchen. Es klammert sich ans Alte, Gewohnte, Sichere und ignoriert oder widersetzt sich dem Ruf des Selbst nach Neuem. Die Entwicklung fördernden Impulse unserer Seele werden unterdrückt, der Energiefluss wird blockiert. Folge dieser Blockade ist seelisches oder körperliches Leid.

Diese alte Grundwahrheit wird auch in Märchen und Mythen wiederkehrend thematisiert: Immer wenn die zentrale Person aus Überheblichkeit oder Übermut in Konflikt mit dem Willen der Götter gerät, wird sie gebremst – durch Verletzung, Krankheit oder Verzauberung.

Ursprung von Krankheiten und Lebenskrisen ist also oft ein unbewegliches Beharren unseres Ich, das sich weigert, dem inneren Ruf nach Wandlung Folge zu leisten. Doch nicht immer ist der Auslöser des Konflikts die Hybris eines rigiden, am eigenen Willen orientierten Ich.

In bestimmten Fällen ist im Gegenteil ein Wachsen der Ich-Stärke von uns gefordert. Dann dient die Auseinandersetzung mit einer Lebenskrise der Entwicklung eines starken, adäquaten Ich. Diese Möglichkeit kann uns vor die schwierige Aufgabe stellen, in einer Krisensituation zu erkennen, ob die Identifikation mit unserem Ich und seinen Belangen zu stark ist und relativiert werden muss oder aber, ob wir vielmehr dazu aufgefordert sind, unsere Ich- und Willenskraft zu festigen. Auch wenn es paradox erscheint: Nicht selten trifft beides zu. Die Auseinandersetzung mit Krankheit und Schmerz hilft uns, bestimmte Anteile unseres Ich zu stärken, während sie andere „verbrennt".

## Wandlung und Reifung

*„Krankheit um höherer Genesung willen*
*ist ein tiefes Geheimnis des Menschenlebens."* [33]
*(Herbert Fritsche)*

Krankheiten und Lebenskrisen sind wie gesagt Ausdruck eines Konflikts zwischen den Festhaltetendenzen unseres Ich und dem Gebot unseres innersten Wesenskerns nach Wandlung und Reifung. Jeder Leidensweg ist ein Weg der Transformation und jede Heilform sollte den Menschen darin unterstützen, sich zu wandeln. Doch wenn der stürmische Wind der Wandlung bläst, bauen die einen Schutzmauern, die andern Windmühlen. Nur wer es wagt, sich mutig, vertrauensvoll und schöpferisch auf etwas Neues hin zu entwickeln, kann gesunden, kann heil werden. Für Pannikar sind Leid und Schmerz Ausdruck „des Widerstands der Kreatur dagegen, sich verwandeln zu lassen." [34] Sie dienen einem „Richtungswechsel, der den Weg bereitet für das, was noch nicht ist."
Nahezu jeder Wandlungsprozess geht einher mit Phasen der Angst und Einsamkeit, in welchen man sich ganz allein mit seinem Innersten auseinandersetzen muss. Wer die Kraft entwickeln soll, die notwendig ist, um das eigene Leid zu überwinden, muss „allein sein, um zu erfahren, was ihn trägt, wenn er sich nicht mehr ertragen kann. Einzig diese Erfahrung gibt ihr eine unzerstörbare Grundlage." [35]
Je intensiver eine Lebenskrise ist, umso höher ist die Chance einer tief greifenden inneren Umwälzung und Neugeburt. Die neue Lebenssituation, die plötzliche Konfrontation mit dem Unbekannten und Unkontrollierbaren, kann im Menschen eine radikale Veränderung und Erweiterung seiner Lebenshaltung und Identität bewirken. Er lernt, die innere und äußere Welt mit neuen Augen zu sehen, sich selbst und seiner Umwelt als gewandelter Mensch zu begegnen. Lebensabschnitte des Ringens mit Krankheit, Schmerz und innerer Not sind Phasen des Übergangs in neues, bisher ungelebtes Leben. Wir erinnern uns an das Ringen des biblischen Jakob mit dem Engel. Eine ganze Nacht lang

ringt Jakob mit dem Engel. Er lässt ihn solange nicht los, bis er von ihm den Segen erhält: einen neuen Namen, eine neue Identität.

Zu Beginn einer Krise liegt der aufbrechende Schmerz wie eine dunkle Wolke über uns. „Es ist, wie wenn das Herannahen des ‚großen inneren Menschen' einen Schatten vorauswürfe"[36], der solange unser Leben verdunkelt, bis das neue Licht aus dem Innersten hervorbrechen kann. Jeder Zusammenbruch von etwas Altem birgt in sich die Chance zu einem Durchbruch in neue, lichtvolle Sphären des Erlebens und Erkennens. Die damit zusammenhängende Hinterfragung unserer bisherigen Werte, Überzeugungen und Zielsetzungen lässt uns vielleicht erkennen, dass wir über weite Strecken an unserem wahren Wesen vorbei gelebt haben. Gerade der Schmerz der Orientierungslosigkeit, der am Anfang der Krise herrscht, kann uns dazu bewegen, durch achtsameren Umgang mit unseren Gefühlen, Gedanken und Wertevorstellungen eine neue Orientierung zu finden und dem Leben auf differenziertere und vor allem bewusstere Weise zu begegnen.

## Das Symptom als Wegweiser

Jede Seele strebt nach Ganzheit, sehnt sich nach Einheit. Je mehr sich ein Mensch als Ganzheit und Einheit fühlt, umso heiler (von holos = ganz) ist er. Ein vom Leid geplagter Mensch fühlt sich fragmentiert, als Konglomerat getrennter Einzelteile, die nicht mehr als Einheit fließend und dynamisch zusammenspielen. Instinktiv fragen wir jemanden, der krank ist: „Was fehlt Dir?" und meinen damit: „Was fehlt Dir zur Ganzheit?"

Doch was lässt uns im Falle einer körperlichen Krankheit oder seelischen Not erkennen, was uns zutiefst fehlt und in welche Richtung unsere Wandlung gehen sollte...? Ein hilfreicher Informant ist das Symptom, die Art und Weise, wie sich unsere körperliche oder seelische Wunde äußert.

Jede Krankheit vermittelt eine Botschaft. Das Symptom oder Krankheitsbild kann uns helfen, diese Botschaft zu entschlüsseln. Das Symptom gibt uns anschauliche Informationen darüber, was uns auf der Ebene unseres Bewusstseins fehlt. Es gibt uns Hinweise über unseren Schatten, über unser ungelebtes Leben. Der bewusste Umgang mit Schmerz und Krankheit ist immer auch Arbeit am eigenen Schatten. Jedes schmerzhafte Symptom bringt Aspekte unserer Seele ans Licht, die uns bisher nicht bewusst waren. Diesen verdrängten Seelenanteilen ins Auge zu schauen, erfordert Offenheit und Mut. Wenn wir uns mit ihnen versöhnen, kann sich jedes schmerzhafte Symptom vom Feind zum Freund, zum Verbündeten wandeln.

Unser Körper ist nicht der Ursprung des Symptoms, sondern lediglich die Manifestationsebene von Prozessen, die in unserem Bewusstsein ablaufen. Es ist also nicht allein der Körper, der krank ist, sondern immer der ganze Mensch. Die moderne Schulmedizin neigt dazu, diese grundlegende Wahrheit auszublenden. Sie behandelt nicht den kranken Menschen, sondern vorwiegend seine Symptome. Die heutige Schulmedizin und über weite Strecken auch die Alternativmedizin setzen in ihren Bestrebungen vor allem auf Funktionalität und Wirksamkeit. Ihre primäre Strategie besteht darin, das Symptom zu bekämpfen und möglichst rasch zum Verschwinden zu bringen. Dabei verkennen sie die Bedeutung des Symptoms als ein sinnvolles Signal, ein Hinweis, dass auf einer tieferen Schicht des betroffenen Menschen etwas in Disharmonie geraten ist und wieder in Harmonie gebracht werden möchte. Dies kann nicht geschehen, indem man einfach das Symptom ausmerzt. Ziel sollte viel eher sein, sich dieser tieferen Ebene, auf der etwas „nicht in Ordnung" ist, anzunähern, um dort eine Wandlung einzuleiten, durch die eine neue Ordnung hergestellt werden kann. Jedes Symptom auf der körperlichen Ebene ist ein Zeichen dafür, dass dem Menschen auf seelischer Ebene etwas fehlt. Aufgabe ist es, das Symptom als Symbol, als Brücke zum Unbewussten zu erkennen und seine tiefere Bedeutung zu verstehen. Nur so können wir erfassen, was dem Menschen zu größerer Ganzheit fehlt und ihm helfen, es allmählich zu integrieren. Wir können die Energie, die sich als Symptom manifestiert, nicht aus der Welt schaffen. Wir können sie aber verwandeln.

Wir haben also zwei gegensätzliche Möglichkeiten, unseren Symptomen zu begegnen: Entweder betrachten wir sie als lästiges Übel, das möglichst rasch beseitigt werden soll, oder wir identifizieren sie als lebensdienliche Wegweiser und widmen uns ihrer Botschaft.

Falls wir uns für die erste Variante entscheiden, so stellen uns die Schulmedizin und ihre Psychiatrie ein ganzes Arsenal recht wirksamer „Symptombekämpfer" zur Verfügung. Unter Umständen verschwindet das Symptom so schnell, wie es aufgetaucht ist. Innerhalb Kürze können wir uns wieder unserem gewohnten Leben widmen, ohne dass wir etwas verändern mussten. Es stellt sich in diesem Fall die naheliegende Frage, ob der Mensch wirklich geheilt ist, wenn sein Symptom nicht mehr sicht- oder spürbar ist. Die Antwort lautet in den meisten Fällen „Nein", denn das Symptom wurde einfach wieder ins Schattenreich verbannt. Seine Bedeutung jedoch wurde ignoriert und die Chance, dass es – möglicherweise in noch schmerzhafterer Form – wieder auftaucht, ist groß.

Ein ganzheitlicher Umgang mit unserem Symptom, der alle Dimensionen unseres Seins einschließt, nämlich neben der materiellen auch die seelisch-emotionale und die geistig-spirituelle Ebene, verlangt nach einer bewussten Auseinandersetzung mit dem tieferen Sinn, mit der Botschaft, die sich durch das Symptom mitteilen möchte. Gerne vergessen wir: Unser Urgrund ist geistiger Natur. Zutiefst sind wir nicht weltliche Wesen, die von Zeit zu Zeit spirituelle Erfahrungen machen, sondern wir sind spirituelle Wesen, die in diesem Leben weltliche Erfahrungen machen. Von Grund auf geheilt ist nur, wer in Kontakt mit der spirituellen Ebene, mit seinem göttlichen Kern kommt. Für C.G. Jung steht fest, „dass der Zugang zum Numinosen die eigentliche Therapie ist, und insoweit man zu den numinosen Erfahrungen gelangt, wird man vom Fluch der Krankheit erlöst. Die Krankheit selbst nimmt numinosen Charakter an."[37]

## Der Sinn von Leid und Schmerz

*„Je tiefer sich das Leid in euer Sein eingräbt,*
*desto mehr Freude könnt ihr fassen.“*[38]
*(Kahlil Gibran)*

Es gehört zur Natur der Menschen, ihr Augenmerk mit Vorliebe nach außen hin auszurichten, ihren Geist und Tatendrang ganz der Außenwelt zuzuwenden. Die Welt mit all ihren Verlockungen und Reizen nimmt uns gefangen. Der Wunsch, in der äußeren Welt etwas zu erreichen und darzustellen, wird gerne zu unserem lebensbestimmenden Antrieb. Der „Weltaußenraum“ wird zum Dreh- und Angelpunkt all unseres Strebens. Manch ein Mensch geht sich selbst dabei in der Welt verloren. Die Umkehr nach innen geschieht meist erst dann, wenn das Leben uns eine Wunde zufügt. Oft müssen wir im eigenen Inneren erschüttert werden, damit wir uns dem „Weltinnenraum“ zuwenden.

Plötzlich sind wir aufgefordert, in unserem Streben nach Fülle auch dem Schmerz zu begegnen, uns unserem Trauma, unserer Wunde zu stellen. Wir stehen vor der Aufgabe, eine völlig neue Art von Mut zu entwickeln, nämlich den Mut, verletzbar zu sein statt ausschließlich stark und über alles erhaben. Das aufbrechende Leid weicht uns auf, macht uns durchlässig für unsere tiefsten Schichten. Schmerz hilft uns, „in unsere letzte Tiefe zu steigen.“ (Nietzsche) Je bereitwilliger wir unsere Verletzlichkeit akzeptieren, umso mehr kommen wir in fühlenden Kontakt mit Facetten unseres Wesens, die uns bisher noch weitgehend unbekannt waren: mit unserer Sensibilität, unserer Feinfühligkeit, unserem Einfühlungsvermögen. Nur wer verletzbar ist, ist auch berührbar! Je unempfindsamer ich bin, umso größer ist die Wahrscheinlichkeit, dass ich anderen Menschen Schmerz zufüge, ohne mir dessen bewusst zu sein.

Wer sein Leiden als die Aufforderung seiner Seele nach Wandlung und Wachstum erkennt, kann seinen Widerstand lockern, kann allmählich aufhören, dagegen anzukämpfen. Wer hinter seinem Schmerz eine tiefere Bedeutung ahnt, kann in wachsendem Maße konstruktiv und bejahend damit umgehen - auch wenn er noch nicht weiß, worin der Sinn und Zweck seines Schmerzes liegt, wo genau er ihn hinführen möchte. Die Erkenntnis, dass unsere Not einem inneren zielgerichteten Drang nach Reifung und Ganzwerdung entspringt, gibt uns ein Gefühl der Selbstverantwortung. Sie befreit uns von der Neigung, uns im Elend festzufahren und uns als Opfer widriger äußerer Umstände zu sehen. Dann kann uns unser Leid Türen zu neuen, bisher unbekannten inneren Räumen öffnen. Es kann uns helfen, „in einem besonderen Sinn lebendig zu werden – sorgfältig zu schauen, tief zu empfinden, mit uns selber und mit der Welt in Berührung zu kommen, die wir bisher vermieden haben."[39]

Seit Urzeiten waren es Krisen, welche die Evolution neue Formen erschaffen ließen. Vorwiegend in Krisen wurden Menschen besonders erfinderisch und wuchsen über sich selbst hinaus. Die größten kulturellen Schöpfungen sind das Ergebnis menschlichen Ringens mit innerer Not und eines tiefen Wunsches nach Heil- bzw. Ganzwerdung. „Aus dem Leiden der Seele geht alle geistige Schöpfung hervor und jeglicher Fortschritt des geistigen Menschen"[40], sagt C.G. Jung. Wenn wir die Biografien derjenigen Menschen beleuchten, die den kulturellen Fortschritt der Menschheit am nachhaltigsten geprägt haben, so stellen wir fest, dass sie alle zeitweise stark an sich und ihrem Leben gelitten haben. Ihr Leiden und ihre inneren Kämpfe wurden zum Wegbereiter für manch geniale Errungenschaft. Nennen wir – pars pro toto - Goethe, Nietzsche, Hesse, Beethoven, Dostojewski, Gurdjieff, Krishnamurti, Frieda Kahlo, Mutter Theresa, Paul Klee und viele andere. Gelingt es einem Menschen, die Energie, die in seinem Schmerz und Leid gebunden ist, in schöpferische Kraft umzuwandeln, können daraus Werke und Taten entstehen, welche die Menschheit bewegen und prägen.

## Den Widerstand lockern

*„Widerstrebt nicht dem Übel."*
*(Jesus)*

Der Mensch hat unzählige Strategien entwickelt, um seinen Nöten und Krankheiten zu entfliehen. Zahlreiche Ablenkungs- und Betäubungsmanöver sollen ihm helfen, seinem Leid und Schmerz nicht unmittelbar begegnen zu müssen.

Der eine flüchtet sich in Konzepte. Er sucht Ursachen und Erklärungen. Meist findet er sie im Außen, er projiziert, sucht Schuldige, sieht sich als Opfer. Ein anderer sucht Trost in einem – oft starren – Glaubenssystem. Der nächste versucht mit allen Mitteln, seinem Schmerz davonzurennen, ihn zu verdrängen. Er sucht Ablenkung, flüchtet sich in geschäftiges Hasten in der Leistungswelt. Unsere Zivilisation bietet unzählige Möglichkeiten, der Last des Schmerzes – zumindest vorübergehend - zu entfliehen. Ein anderer wiederum wird hart und zynisch. Er unterdrückt seine Emotionen und seine Empfindungen. Doch all diese Abwehrmaßnahmen lassen ihn nicht heil werden. Das Leid bleibt sein ständiger unterschwelliger Begleiter und drängt erfahrungsgemäß früher oder später umso heftiger an die Oberfläche.

Wir kommen in Krisenzeiten nicht darum herum, uns dem Dunkel zuzuwenden, uns mit Schmerz und Angst zu konfrontieren, die damit zusammenhängenden Gefühle und Stimmungen zuzulassen und zu erforschen. Flucht durch Ablenkung und Zerstreuung führt niemals zur Auflösung des Schmerzes. Der einzige Weg hinaus ist der Weg hindurch. Wir sind aufgefordert, unseren Widerstand zu lockern und Vertrauen in die uns innewohnenden schöpferischen Kräfte zu finden. Sie weisen den Weg zu innerem Wachstum und Heilsein.

Widerstand verstärkt das „innere Monster". Ein bekannter Mythos handelt vom verzweifelten Kampf eines Kriegers mit einem Drachen, dem für jeden vom Schwert abgeschlagenen Kopf sieben neue Köpfe nachwachsen. Unkraut, dem mit Gift der Garaus gemacht werden soll, beginnt immer stärker zu wuchern. Bakterien, die wiederholt mit Antibiotika bekämpft werden, reagieren mit zunehmender Resistenz. Es gäbe noch viele Beispiele aus dem alltäglichen Leben, die bezeugen, dass Kampf zu verstärktem Widerstand führt.

Eine tief liegende Ursache unseres Unglücks und Leids liegt darin, dass wir der dunklen Seite des Lebens nicht mit bedingungsloser Hinnahme und Liebe begegnen können. Echte Annahme bedeutet dabei mehr als zähneknirschende Einwilligung. Wir müssen feststellen, „dass es nicht genügt, die dunkle Seite des Lebens zu tolerieren; Annahme in diesem Sinn bedeutet mehr als ein ‚Laufenlassen' mit einem resignierten Schulterzucken. Wir können es ‚schöpferische Annahme' nennen."[41]

Mancher setzt die Hingabe an den Schmerz mit Resignation gleich. Das Gegenteil ist der Fall: Wahre Hingabe ist schöpferisch. Sie ist alles andere als ein Ausdruck von Schwäche, sondern erfordert Stärke und Mut. Echte Hingabe ist Ausdruck unseres tiefsten Vertrauens darauf, dass letzten Endes alles vollkommen ist, genauso wie es ist. Eckhart Tolle sagt treffend: „Der Ursprung allen Leidens ist die Unfähigkeit oder Weigerung, das anzunehmen, was gerade in meinem Leben geschieht." In dem Maße, in dem es uns gelingt, den Widerstand gegen unseren Ist-Zustand zu lockern, vermindert sich unser Leiden. Das heißt nicht, dass unser Schmerz oder unsere Krankheit sich in Luft auflösen, aber wir leiden weniger stark unter ihnen, sobald wir aufhören, gegen sie anzukämpfen.

Die wesentliche Kehrtwende in Richtung Heilung findet meist erst dann statt, wenn wir bedingungslos ‚JA' sagen können zu dem, was ist, weil wir einen Sinn dahinter spüren. Wahre Hingabe ist keine Technik, die man sich in Kürze aneignen kann. Meist ist sie das Resultat eines tief greifenden Prozesses, in dessen Verlauf es uns allmählich gelingt, in Berührung mit unserem innersten, transpersonalen Kern zu kommen, der vollkommen neutral ist – unberührt von Erwartungen, Bedingungen und Wunschbildern.

Sich-Hingeben bedeutet Sich-Übergeben an eine übergeordnete Dimension. Echte Hingabe ist ein bedingungs- und furchtloses „JA" zu einer tief greifenden Verwandlung. Davon handelt die folgende sufistische Erzählung: [42]

## Geschichte vom Sand

Ein Strom, der auf dem Weg von seiner Quelle in den fernen Bergen durch alle möglichen Landschaften geflossen war, erreichte endlich den Sand der Wüste. Er versuchte dieses Hindernis zu überwinden, wie er die anderen überwunden hatte, aber er merkte, dass seine Wasser versickerten, so schnell er auch in den Sand hineinfloss.

Er war aber überzeugt, dass es ihm bestimmt sei, diese Wüste zu durchqueren, und doch gab es keinen Weg. Da flüsterte eine unsichtbare Stimme, die aus der Wüste selbst kam, ihm zu: „Der Wind durchquert die Wüste. Das kann der Strom auch." Der Strom wandte ein, er werfe sich ja mit aller Kraft gegen den Sand und werde einfach aufgesogen: der Wind könne fliegen und könne deshalb die Wüste durchqueren.

„Mit deinem gewohnten Ungestüm wirst du es nicht schaffen. Du wirst entweder verschwinden oder zum Sumpf werden. Du musst dem Wind gestatten, dich zu deinem Ziel auf der anderen Seite zu bringen."

Aber wie sollte das geschehen? „Indem du dich vom Wind aufsaugen lässt."

Diese Vorstellung konnte der Strom nicht akzeptieren. Schließlich war er noch nie aufgesogen worden. Er wollte seine Individualität nicht verlieren. Und woher sollte er wissen, ob er sie je wiederbekommen würde, wenn er sie erst einmal aufgegeben hatte?

„Der Wind", sagte der Sand, „wird dafür sorgen. Er nimmt Wasser auf, trägt es über die Wüste und lässt es wieder fallen. Es geht als Regen nieder und wird wieder zum Strom."

„Woher soll ich wissen, ob das wahr ist?"

„Wenn es so ist und du es nicht glaubst, dann kann aus dir nicht viel mehr werden als ein Morast, und selbst das kann viele viele Jahre dauern. Und es ist natürlich nicht dasselbe wie ein Strom."

„Aber kann ich nicht der Strom bleiben, der ich jetzt bin?"

„Das kannst du so oder so nicht", flüsterte die Stimme. „Der wesentliche Teil von dir wird fortgetragen und bildet wieder einen Strom. Selbst heute trägst du deinen Namen nur, weil du nicht weißt, welcher Teil von dir der wesentliche ist." Als er das hörte, wurden in den Gedanken des Flusses gewisse Saiten angeschlagen. Er erinnerte sich ganz schwach an eine Zeit, in der er – oder ein Teil von ihm? – in den Armen des Windes gelegen hatte. Er erinnerte sich auch – oder kam es ihm nur so vor? –, dass dies genau das war, was er zu tun hatte, so unwahrscheinlich es auch sein mochte.

Und der Strom erhob seinen Dunst in die Arme des Windes, der ihn sanft und leicht in die Höhe davontrug und ihn sanft wieder absetzte, als sie nach vielen vielen Meilen das Dach eines Berges erreicht hatten. Und da er seine Zweifel hatte, konnte der Strom alles, was er erlebte, besser im Gedächtnis behalten. Er überlegte: "Ja, jetzt habe ich meine wahre Identität kennen gelernt." Der Strom lernte. Aber der Sand flüsterte: „Ich weiß Bescheid, weil ich es Tag für Tag geschehen sehe und weil ich, der Sand, mich vom Flussufer bis hin zum Gebirge erstrecke." Und daher sagt man, dass der Weg, auf dem der Strom des Lebens seine Reise fortsetzen soll, in den Sand geschrieben ist.

## Der Zeuge

*„...wer derselbe bleibt in Schmerz und Freude,*
*wer weise ist, dieser rüstet sich zur Ewigkeit."*
*(Bhagavadgita)*

Körperlichem und emotionalem Schmerz neutral, das heißt ohne Wertung, zu begegnen, fällt uns unheimlich schwer. Unsere Neigung, uns mit dem Schmerz zu identifizieren und Geschichten um ihn herum zu kreieren, führt dazu, dass wir mit allen Mitteln versuchen, unsere innere Not zu verdrängen, sie zu bekämpfen, ihr durch Ablenkung zu entrinnen, sie schönzureden oder sie einfach still leidend zu ertragen.

Wenn wir jedoch lernen, unserem Innenleben gegenüber einen wertfreien, objektiven Standpunkt einzunehmen, werden wir zum Beobachter oder wie Ken Wilber ihn nennt, zum „Zeugen" unserer Lebensgeschichten. „Der Zeuge ist ein Zentrum und ein weiter Raum des Gewahrseins in schöpferischer Distanz von der persönlichen Seele, dem Körper, den Emotionen, den Gedanken und Gefühlen."[43]

Egal, ob wir Schmerzen haben, unglücklich sind oder eine starke Emotion uns bewegt, etwas in uns ist sich dessen gewahr. Unser Gewahrsein vom Schmerz ist gänzlich frei von Schmerz, wenn wir Schmerz spüren. Unser Gewahrsein der Angst ist frei von Angst, egal wie stark die Angst ist, die wir empfinden. Unser Gewahrsein der momentanen Erfahrung ist von der Erfahrung stets unberührt – ein stiller Beobachter. Der Zugang zum Zeugen hilft uns, die Identifikation mit unseren Empfindungen, Gefühlen und Gedanken aufzuheben.

Schmerz allein erzeugt noch kein Leiden. Erst die Wertung, die mentalen Geschichten, die wir darum herum erzeugen, lassen uns unter ihm leiden. Neutral beobachtet ist unser Schmerz einfach eine Empfindung. Vielleicht handelt es sich dabei um ein Gefühl der Enge, um einen dumpfen Druck, vielleicht um ein inneres Beben, um ein Ziehen, Brennen oder Stechen. In dem Maß, in dem es uns gelingt, mit diesen Wahrnehmungen einfach zu sein, sie zu beobachten, ihrer gewahr zu sein und sie gewähren zu lassen, ohne sie weg haben zu wollen, verlieren sie ihre Kraft und Bedrohung.

„Es ist die Unfähigkeit zu beobachten, die Schmerz verursacht"[44], sagt Krishnamurti. Jeder Wunsch nach Erklärungen, alles Suchen nach Gründen und Ursachen, jede Vorstellung, jedes Hoffen, jedes Anhaften an ein bestimmtes Resultat, beschränkt unsere Fähigkeit, einfach zu beobachten und mit dem zu sein, was gerade ist.

„Wenn wir unsere Nöte nur beobachten oder als Zeuge anschauen können, erfahren wir, dass wir im Grunde ‚ohne Not‘ sind. Dasjenige im Innern, was Schmerz fühlt, ist selbst ohne Schmerz; das, was Furcht empfindet, ist furchtlos; das, was Spannung wahrnimmt, ist frei von Spannung.

Wenn wir mit dem transpersonalen Zeugen in Kontakt kommen, sind wir nur daran interessiert, unsere jeweiligen Nöte zu beobachten, einfach arglos ihrer gewahr zu sein, ohne sie zu beurteilen, zu vermeiden, zu dramatisieren oder zu rechtfertigen. Wir nehmen sie einfach zur Kenntnis – denn jede Maßnahme, die wir ergreifen, um eine Plage zu beseitigen, verstärkt einfach die Illusion, wir seien die jeweilige Plage. So verschafft letzten Endes der Versuch, einer Not zu entgehen, ihr lediglich Dauer. Was uns beunruhigt, ist nicht die Plage selbst, sondern unsere Bindung an sie.“[45]

Wenn wir in Verbindung mit dem transpersonalen Zeugen sind, können wir die Identifikation mit unserem momentanen Drama auflösen. Wir erkennen: Wir haben belastende Gefühle, Gedanken, Empfindungen, Erinnerungen, aber wir sind nicht diese Gefühle, Gedanken, Empfindungen und Erinnerungen. Als nicht wertender Beobachter der Regungen unseres Ich nehmen wir einfach wahr, wie sie in Wellen auftauchen und sich wieder zurückziehen. Der Zeuge ist sich des Schmerzes gewahr, ist selbst aber allzeit frei vom Schmerz.

Die Fähigkeit, dem Leben und seinen schmerzhaften Momenten als unparteiischer Zeuge zu begegnen, hilft uns, eine Trennlinie zwischen unserem leidenden Ich und unserem – von allem Schmerz unberührten – innersten Kern zu ziehen.

## Die Jagd nach dem Glück

Wir alle wollen glücklich sein. Dies ist die menschlichste aller Regungen, die wohl mächtigste Triebfeder all unseres Handelns. Das große Ziel, dem der Mensch nachjagt, heißt Glück. Doch genau aus diesem Grund wird er es nicht finden...

Glück ist nicht planbar. Es lässt sich nicht erreichen, es stellt sich ein. Es kommt unvermittelt, vorwiegend dann, wenn wir es nicht suchen oder begehren. Wenn wir es greifen wollen, entzieht es sich uns. Wenn wir es loslassen, kommt es zu uns. Glück findet sich nur in der Gegenwart. Wer es in der Zukunft sucht, erinnert an besagten Esel, dem an einem langen Stecken eine Karotte vor die Nase gebunden wurde. Unermüdlich hetzt er der Karotte nach, ohne sie je zu erreichen.

Die Verheißung vom zukünftigen Glück entpuppt sich stets als Schwindel. Glück findet sich ausschließlich im Jetzt. Buddha sagt: „There is no way to happiness. Happiness is the way." So kann beispielsweise Tanzen glücklich machen. Wir tanzen nicht, um etwas damit zu erreichen. Der einzige Beweggrund für das Tanzen ist das Tanzen selbst. Oder das Spazierengehen. Wenn es das Ziel des Spaziergangs wäre, wieder nach Hause zu kommen, müssten wir gar nicht erst loslaufen. Das mögliche Glück des Spaziergangs liegt im Unterwegs-Sein.

Unter riesigem Energieaufwand tun wir alles, um dem Glück nahe zu kommen und uns von seinem Gegenteil, von Leid und Schmerz, fernzuhalten. Wer unglücklich ist, gilt in unserer Gesellschaft schnell als Verlierer, hat er doch sein Leben nicht „im Griff". So sind Unglückliche eine willkommene Projektionsfläche für all diejenigen, welche ihre eigenen tragischen Züge unterdrücken, verdrängen oder mit viel Lärm und rastlosem Agieren zudecken. Unglückliche Menschen spiegeln uns den eigenen Schatten, sie spiegeln uns das, was wir auf keinen Fall sein wollen. Dabei sind sie dem echten, tiefen Glück wahrscheinlich näher als der, der meint, dauernd „glücklich" sein zu müssen. Freude und Leid gehören nun mal zusammen wie Licht und Schatten. Wer das Leid dauernd unterdrückt und abspaltet, wird wohl auch dem wahren Glück kaum je begegnen können. Leben in unserer Welt der Polarität ist Bewegung, ein fortwährendes Schwingen von Pol zu Pol. Vereinigt stellen Glück und Leid ein erfüllteres Leben dar als das Glück allein. Aber genau dies weigert sich unser Verstand zu erkennen. Dauernd folgt er dem Leitsatz: „Suche stets das Glück und meide das Leid", was in etwa gleich unsinnig ist wie der Versuch, nur einzuatmen, aber niemals auszuatmen. Wenn Glück da ist, gibt es nur den Augenblick, keine Vergangenheit, keine Zukunft. Wenn Glück da ist, sind wir frei von jeder Neigung, etwas zu erstreben oder zu werden. All unsere Ängste, Nöte und Wünsche haben sich in Nichts aufgelöst. Unser Geist ist still. Da ist nur noch die Erfahrung. Wir sind die Erfahrung. Da ist kein Ich mehr, das eine Erfahrung macht. Die Trennung zwischen Subjekt und Objekt ist aufgehoben. Kaum aber schaltet unser Verstand sich wieder ein, geschieht etwas Sonderbares. Wir analysieren, was wir gerade erleben und wir erkennen, wie schön es ist. Wir wollen es festhalten, wollen es immer wieder erleben. Doch wir können Glück nicht festhalten. Dies ist, wie wenn man Wasser mit der Hand festzuhalten versuchte – je stärker man klammert, umso rascher schlüpft es durch die Finger. Das Verlangen, den Moment des Glücks festzuhalten, verwandelt ihn in Leid. William Blake formuliert es poetisch:

*Wer eine Freude an sich bindet,*
*Des beschwingtes Leben schwindet;*
*Wer die Freude küsst im Flug,*
*Hat der Sonne stets genug.*

Was also ist das Wesen des Glücks? Schauen wir uns zur Beantwortung dieser Frage einen fiktiven Glücksmoment etwas genauer an: Ich sitze an einem einsamen Strand am Meer. All meine Sinne sind wach, ich spüre die warme Sonne auf meinem Rücken. Rhythmisch umspülen die sanften Wellen meine Füße und der warme Wind trägt den salzigen Geruch des Meeres übers Land. Mein Blick schweift zum Horizont, zur Linie, wo sich das Blau des Wassers mit dem Blau des Himmels vereint. Mein ganzes Wesen ist berührt und durchdrungen von der unermesslichen Erhabenheit dieses Augenblicks....

Existiere ich in diesem Moment überhaupt? Hat nicht die Herrlichkeit dieses Moments all meine Erinnerungen und Erwartungen gänzlich ausgelöscht? Das ist Glück. Wenn ich nicht(s) bin. Wenn ich nicht bin, mit all meinen Geschichten, Identifikationen, Wünschen und Dramen, dann kann Glück sein! Eingetaucht in etwas Größeres bin ich frei von mir selbst – wie ein Kind, das versunken ist in sein Spiel. Wohl deshalb sagt Friedrich Schiller, dass nichts dem Göttlichen näher ist als ein Kind beim Spielen.

## Zeitloses Sein im Hier und Jetzt

*„Das Höchste wäre: Leben*
*In ewiger Gegenwart*
*Doch diese Gnade ward*
*Nur Kind und Gott gegeben."*
*(Hermann Hesse)*

Leben geschieht ausschließlich im Hier und Jetzt. Wann immer es uns gelingt, ganz gegenwärtig zu sein, fühlen wir uns zuhause, fühlen wir uns lebendig. Wann immer wir völlig in dem aufgehen, was gerade im Augenblick ist, spüren wir inneren Frieden. Dann geht es uns gut. Wann immer wir ganz anwesend sind, allein (im Sinne von all-eins) mit der momentanen Erfahrung, mit unseren Empfindungen und Wahrnehmungen, ohne Ideen oder Urteil darüber, dann kehrt eine große Stille in uns ein. Wem es glückt, ganz im Hier und Jetzt zu leben, kann den Wundern des Lebens in allem begegnen, was er tut – sogar in den gewöhnlichsten Begebenheiten und Dingen des Alltags. Dann kann es ihm ergehen wie dem Zen-Meister Hokoji, der sagt:

*„Wie wundersam und höchst wunderbar, dies –*
*Ich schöpfe Wasser, und ich trage Holz.“*

Allerdings tun wir uns schwer damit, unsere ungeteilte Aufmerksamkeit ganz dem zu widmen, was uns das Leben gerade anbietet. Dauernd ziehen uns unsere Gedanken zu dem, was war und zu dem, was sein könnte und sollte. Wir haben Mühe, im gerade vorherrschenden Augenblick Frieden und Erfüllung zu finden. Ständig sind wir auf Ausschau nach dem nächsten Moment, in dem wir unser Glück zu finden hoffen. Folglich benutzen wir das Hier und Jetzt vorwiegend als Durchgang zu dem, was kommen soll. Doch das Einzige, was kommen wird, ist der nächste gegenwärtige Augenblick. So verbringen wir einen großen Teil unseres Lebens in einem Zustand von Erwartung.

Einer der weitreichendsten Konflikte des Menschen und oft Hauptursache seines Unglücklich-Seins ist die Diskrepanz zwischen Realität und Vorstellung. Der Ursprung unseres Leids ist die Kluft zwischen dem, wie unser Leben gerade ist und unseren Erwartungen und Vorstellungen, wie es sein sollte. Je größer die Kluft, umso größer das Leid.

Eine nahezu unüberwindbare Kluft besteht zwischen unserem Verlangen nach Sicherheit in einem Leben, dessen grundlegende Eigenschaft fortwährende Erneuerung und Veränderung ist. Leben ist von Natur aus ständiger Wandel, ein ewiges Stirb und Werde – also Unsicherheit. Wenn ich trotzdem an meiner Vorstellung eines abgesicherten Lebens festhalten möchte, wenn ich vor der Unsicherheit des Lebens sicher sein möchte, muss ich mich von einem Grundgesetz des Lebens abspalten. Doch genau dieses Gefühl, vom Leben getrennt und isoliert zu sein, ist es, welches meine grundlegendsten Ängste erzeugt. Dies führt uns zu folgender Erkenntnis: „Der Wunsch nach Sicherheit und das Gefühl der Unsicherheit sind dasselbe.“[46]

Um uns ganz auf das Leben einzulassen, müssen wir vertrauen können. Der Grad unserer Lebenslust, unsere Befähigung zur Lebensbejahung ist unweigerlich verbunden mit der Stärke unseres Urvertrauens, getragen, geführt und einem Sinn verschrieben zu sein. Nur wenn wir vertrauen und uns immer wieder von neuem auf unsicheres Terrain wagen, bleiben wir neugierig und wach, können wir wachsen. Gewiss, wir bleiben auch verletzlich und erleben manche Enttäuschung, doch dies gehört zum Spiel der Polaritäten. Häufig lassen sich Verletzungen und Rückschläge im Nachhinein als Teil eines übergeordneten Sinngefüges erkennen. Wenn wir uns jedoch in engem, sicherem Raum verbarrikadieren, droht das Leben im Keim zu ersticken.

Unser Verstand mit seinen Vorstellungen und Erwartungen klammert sich an Vergangenes und nimmt Zukünftiges vorweg. Gefangen in mentalen Konzepten über das Leben, sind wir oft nicht mehr „ganz bei Sinnen", leben wir am Leben vorbei. Wir müssen wieder zur „Besinnung kommen", denn über unsere Sinne finden wir zurück ins Leben. Unsere Sinne schaffen Orientierung, sind heimisch im Hier und Jetzt. Unsere Sinne lassen uns das Leben unmittelbar und hautnah erfahren. Über unsere Sinne sehen wir das Leben, hören wir das Leben, riechen wir das Leben, schmecken wir das Leben, berühren wir das Leben.

Der Sinn des Lebens offenbart sich uns weitgehend über unsere Sinne, auch wenn er über diese allein nie ganz fassbar wird, genauso wenig wie ausschließlich über unseren Verstand. Ein JA zum Leben ist auch ein JA zu dem, was über das Greifbare und Begreifbare hinausgeht. Es ist ein JA zu dem, was uns jenseits unserer Sinne und unseres Verstandes ergreift, ein JA zum „Umgreifenden", wie Karl Jaspers es nennt, ein JA zur Transzendenz.

Wenn wir vollkommen gegenwärtig sind, können uns unsere Sinne ein Tor zum Übersinnlichen öffnen. Wenn es uns gelingt, über längere Zeit ohne Einmischung und Urteil des interpretierenden Verstandes ganz mit unserer aufmerksamen Wahrnehmung bei dem zu sein, was gerade ist, kann etwas Außergewöhnliches geschehen: Wenn wir einer Sache unsere ungeteilte Aufmerksamkeit schenken, kann sich die Spaltung von Subjekt und Objekt auflösen. So kann sich beispielsweise beim hingegebenen Anblick eines Baumes die gegenständliche Distanz auflösen. Der betrachtete Baum wird Teil von uns selbst. Vollständige Gegenwärtigkeit lässt den Betrachter mit dem Betrachteten eins werden. Das

Übersinnliche erwacht im Sinnlichen. Doch kaum beginnen wir über unsere Erfahrung nachzudenken und sie zu kategorisieren, bricht die Verbindung ab, entsteht wieder Distanz.


## Körperbewusstsein

„Verlier den Verstand und komm zur Besinnung", pflegte Fritz Perls, der Begründer der Gestalttherapie, seine Klienten zu ermutigen. Er wollte damit zum Ausdruck bringen, wie stark unser Denken dem unmittelbaren Erleben des gerade vorherrschenden Moments im Wege stehen kann. Über unsere Sinne kommen wir ins zeitlose Jetzt, während unser Verstand sich immer wieder in der Zeit verliert.

Je stärker unser Körperbewusstsein ist, umso mehr sind wir in der Welt. Ein Mensch, der „nicht ganz bei Sinnen" ist, ist nicht ganz „da". Wer in seinem Körper zuhause ist, fühlt sich in der Welt zuhause, fühlt sich ihr zugehörig.

Doch unser Körper ist vergänglich und da der Mensch Mühe mit der Vorstellung seines Zerfalls im Tode hat, spaltet er sich von seinem sterblichen Körper ab. Er erzeugt eine Trennung von Kopf und Körper. Identifiziert mit der Sphäre seines Denkens, verschanzt er sich in der vermeintlich unsterblichen Welt seiner Ideen und Vorstellungen. Descartes' Credo „Ich denke, also bin ich." lässt grüßen.

Unser Körper ist der Sitz unserer unberechenbaren Triebe, unserer Gefühle und Emotionen. Deshalb scheuen wir seine Integration. Über Jahrhunderte propagierte die christliche Kirche die Unterdrückung und Überwindung unserer körperlichen Regungen und Triebe. Der Körper wurde als der große Verhinderer echter Spiritualität dargestellt – widersprüchlicherweise von einer Religion, in welcher Gott in Jesus einen menschlichen Leib angenommen hat. Dieses Ereignis könnte eigentlich als klare Botschaft erkannt werden, dass Geist und Leib untrennbar miteinander verbunden sind. In der abendländischen Kultur wurde der Körper zwar etwas halbherzig als Schöpfung Gottes anerkannt. In der Praxis jedoch wurde er als gefährliches Territorium betrachtet, das sich in der Hand des Teufels befindet.

Als Erzeuger von Schmerz und Krankheit erklären wir den Körper zur Gefahrenzone, von der es sich fernzuhalten gilt. Diese Dissoziation hat „einen hohen Preis: denn wenn der Körper der Ursprung von Schmerzen ist, so ist er auch der Ursprung der Lust. Wenn das Ich den Ursprung des Schmerzes abtötet, tötet es zugleich den Ursprung der Lust. Kein Leiden mehr..... und auch keine Wonne." [47]

Wir wollen jederzeit die Kontrolle und Befehlsgewalt über möglichst alle Bereiche unseres Lebens haben. Unser Körper jedoch ist über weite Strecken nicht kontrollierbar. So lassen sich pro Moment nur eine Handvoll Aktivitäten willentlich steuern, während zur selben Zeit unzählige Vorgänge in unserem Körper unwillkürlich ablaufen. Beispielsweise werden die Verdauung, der Kreislauf, der Stoffwechsel und zahlreiche andere lebenswichtige Organfunktionen vom autonomen vegetativen Nervensystem koordiniert, welches sich einer Kontrolle durch unser Bewusstsein und unseren Willen weitgehend entzieht. Unser Ich aber neigt dazu, sich vor allem mit willentlichen Vorgängen zu identifizieren. Sich den „Launen" des Körpers ausgeliefert zu fühlen, macht ihm Angst. Folge ist eine Entfremdung vom Körper und ein zunehmender Verlust des Körperbewusstseins. Wir begegnen der Welt nicht mehr mit unserem Körper, sondern vorwiegend als Kopf auf einem Körper.

Wir sind so stark von unserem rastlosen Gedankenstrom vereinnahmt, dass die Unterdrückung unseres Körperbewusstseins und unserer Gefühle meist unbewusst geschieht. Es sollte zu unserer täglichen Aufgabe gehören, immer wieder in bewusste Fühlungnahme mit unserem Leib, mit unseren Empfindungen und unseren Gefühlen zu gehen. Wer den Körper zu seinem Gegner macht, bekommt ihn oft auf unangenehme Weise zu spüren. In Form von Symptomen aller Art schreit der abgespaltene Körper früher oder später nach Beachtung und Integration.

## Der Körper als der Spiegel der Psyche

*„Der Leib ist die raumzeitliche Gestalt des Geistes."*
*(Karl Rahner)*

Jede Form von Materie ist verdichtete Form des Geistes. Alles Materielle macht das schöpferische Pulsieren des Lebens greifbar und für unsere Sinne wahrnehmbar. So ist auch unser Körper greif- und sichtbar gewordener Ausdruck von Seele und Geist.

So wie unser Charakter sich auf der psychologischen Ebene durch bestimmte Verhaltensmuster ausdrückt, manifestiert er sich auf der körperlichen Ebene durch unsere Körperform und unsere spezifischen Bewegungsmuster. Unser Körper ist ein Abbild unserer Seele, er ist die Bühne unserer psychischen Prozesse. „Form ist verlangsamte Bewegung. Wenn das Leben eine starre Form aufbaut, mauert es sich ein. Wie lebendig wir sind, wie empfänglich und ausdrucksfähig, zeigt sich in der anmutigen Gestalt unseres Körpers, die den innigen Zusammenhang von Fühlen, Denken und Handeln widerspiegelt."[48]

Der Körper kann nicht lügen. Einer Person, die gelernt hat, ihn zu lesen, offenbart er unverhüllt die Geschichte des Menschen, der ihn bewohnt – die Geschichte vergangener Erlebnisse, Prägungen, Spannungen und Beziehungen. Er zeigt, wie der besagte Mensch seinen Charakter ausgeformt hat, in welchem Verhältnis er zur Welt steht, zu andern, zu sich selbst. Der Körper jedes Menschen informiert uns über seine Vitalität und Lebenskraft. Er erzählt uns, wie beweglich und spielerisch oder wie unflexibel und rigide die Person den Herausforderungen des Lebens begegnet, inwieweit sie ihren inneren Gefühlsregungen Ausdruck verleiht oder nicht. Jeder Körper zeigt uns auf eindrückliche und berührende Weise, wie sich physiologische, energetische, emotionale und mentale Prozesse innerhalb des Menschen durchdringen und aufeinander einwirken, um schließlich eine feste Gestalt und Form anzunehmen.

## Körperverspannungen und Emotionen

Es ist offensichtlich, dass zwischen unseren Gedanken und unseren Emotionen eine direkte Wechselbeziehung besteht. So löst beispielsweise ein negativer Gedanke eine unangenehme Emotion aus, welche in der Folge wiederum zu einem negativen Gedanken führt. Dies kann zu einem regelrechten Teufelskreis führen, wie wir ihn alle kennen.

Auf eine ähnliche Weise stehen auch Emotionen und Körperbewegungen in einem unmittelbaren Zusammenhang. Auf jede unserer Emotionen reagiert unser Körper automatisch mit einem bestimmten Bewegungsimpuls. Im Wort „Emotion" steckt das lateinische „movere", was übersetzt „bewegen" heißt. Jede Emotion äußert sich als Körperbewegung, wenn sie ungefiltert ausgedrückt wird. Doch meist erlauben wir es uns nicht, die von einer Emotion erzeugten Bewegungsimpulse wirklich in Bewegung umzusetzen, die Emotion leibhaftig zum Ausdruck zu bringen. Im Gegensatz zu einem Kleinkind, das noch keinen mentalen Zensor entwickelt hat, das ungehemmt schreit, weint oder um sich schlägt, wenn es von einer starken Emotion „bewegt" wird, hat der Erwachsene gelernt, sich zu beherrschen, die mit der Emotion verbundene Körperbewegung zu unterdrücken. Ihm wurde beigebracht, die Contenance zu wahren, sich „zusammenzunehmen", ohne sich bewusst zu sein, wie er dabei bestimmte Muskelpartien „zusammenzieht".

Die Unterdrückung der Körperbewegung aber gelingt uns nur, indem wir Muskeln anspannen. Wenn beispielsweise Trauer in uns aufsteigt, können wir das Weinen verhindern, indem wir unsere Kiefermuskulatur anspannen. Der Impuls zuzuschlagen, wenn heftige Wut uns erfasst, kann unterdrückt werden, indem wir die Muskulatur unseres Schultergürtels und unserer Arme anspannen. Auf diese Weise steht jeder Gefühlsausdruck in einem direkten Zusammenhang mit ganz spezifischen Muskelgruppen.

Zeigt sich eine bestimmte Emotion über einen längeren Zeitraum immer von neuem, ohne dass die ihr innewohnende Energie voll in Bewegung umgesetzt wird, kann die mit ihr in Verbindung stehende

Muskelanspannung chronisch werden. Dies reflektiert sich schließlich in unserer Körperhaltung und Physiognomie. Unser Körper verliert seine natürliche Beweglichkeit und Ausdrucksfähigkeit, was wiederum unseren Gefühlsreichtum, unsere seelische Beweglichkeit beschränkt. Unsere psychologische Lebenshaltung widerspiegelt sich in unserer Körperhaltung, welche sich in der Folge wieder auf unsere Lebenshaltung auswirkt. So entsteht ein zermürbender, Kräfte raubender Teufelskreis. Jede chronische Muskelkontraktion ist also das Ergebnis eines beharrlichen Widerstands gegen den natürlichen Fluss unserer spontanen inneren Impulse und Gefühle, denen wir den Ausdruck verwehrt haben, weil wir sie für unangemessen, unerlaubt oder einfach unangenehm halten. Dieser permanente Widerstand kostet uns viel Kraft – so viel Kraft, dass er einen beträchtlichen Teil unseres Energiereservoirs beansprucht. Folge dieses Kraftaufwands ist eine reduzierte Vitalität sowie eine zunehmende körperliche und seelische Unbeweglichkeit. Je mehr von unserer Lebensenergie in chronischen muskulären Verspannungen gebunden ist, umso weniger Energie steht uns für die Bewältigung der täglichen Herausforderungen und Probleme zur Verfügung. Mögliche Folgen sind Stress, Erschöpfung, Krankheit.

Zu einer ganzheitlichen Heilung der beschriebenen Dynamik gehört mehr als bloß ein mechanisches Lösen der verspannten Körperpartien - etwa durch Massagetechniken oder durch Physiotherapie. Wir müssen nämlich jederzeit damit rechnen, dass mit dem Lösen des Schutzpanzers die darin eingefrorenen Emotionen und Gefühle an die Oberfläche dringen. Und wenn sie auftauen, dann tut es weh – wie bei einer Erfrierung. Eine mutige, ehrliche Annäherung an die unterdrückten Emotionen ist ein wichtiger Bestandteil des Heilungsprozesses. Doch dies erfordert Geduld und aufrichtige Arbeit an sich selbst. Davor schrecken viele Menschen zurück. Diese Erfahrung musste auch Alexander Lowen, der Begründer der Bioenergetik, machen: „Ich habe immer wieder hervorgehoben, wie sehr die Leute sich fürchten, ihren Körper zu empfinden. Auf irgendeiner Ebene wissen sie, dass der Körper eine Rumpelkammer unterdrückter Gefühle ist, und sie wüssten zwar gerne etwas über diese unterdrückten Gefühle, scheuen aber entsetzt davor zurück, ihnen dort, im Fleisch, unmittelbar zu begegnen."[49]


## Energy in motion

Ein Mensch, der seine Emotionen zulässt, ist in Berührung mit dem Fluss des Lebens. Emotionen sind eine Quelle von Kraft und Lebendigkeit. Sie sind Ausdruck innerer Bewegung. Sie bewegen uns zum Angriff, zum Rückzug, zu Tränen, zum Lachen. Sie prägen unsere Beziehungen zu anderen Lebewesen, unser Verhältnis zur Welt.

Emotionen gestalten unser Mensch-Sein. Sie lassen uns erkennen, was uns wirklich wichtig ist. Sie sind somit ein wichtiger Gradmesser für all unsere essentiellen Entscheidungen. Sie bilden den Grundstein unserer Motivationen. Sie sind die Basis all unserer Werte. Wenn ich meine Emotionen zum Ausdruck bringe, fühle ich mich lebendig, spüre ich mich, spürt mich mein Gegenüber. Ein emotionsloser Mensch wirkt unnahbar, irgendwie leblos und starr. Er tritt nicht in Berührung mit seiner Umwelt.

Emotionen sind eine Kommunikationsform, die Sprache, womit wir Beziehungen gestalten und pflegen. Sie helfen uns, der Umwelt und uns selbst mitzuteilen, was uns wichtig ist. Emotionen bringen Menschen einander nahe, sie festigen unsere Bindungen. Gleichzeitig dienen sie dem Bewahren unserer Grenzen, dem Schutz dessen, was uns zutiefst privat und wichtig ist. Emotionen erzeugen eine intensive Schwingung, die jeder sensitive Mensch registriert und ihn mitschwingen lässt. Die Emotionen eines anderen Menschen formen meine eigenen und umgekehrt. Jede Beziehung beruht auf gefühlsmäßiger Resonanz, auf emotionalem Mitschwingen.

Emotionen dienen der Entwicklung unseres Selbstgefühls. Sie helfen uns, eine Empfindung für uns selbst zu entwickeln. Im Zusammenspiel mit unserem Denken fördern sie unsere innere Entwicklung und unsere Selbsterkenntnis. Sie formen unsere Persönlichkeit. Vor allem „soziale Emotionen" wie Scham und Schuld sind maßgeblich an der Entwicklung unseres Gewissens und unserer persönlichen Moral beteiligt.

Emotionen sind ein lebenswichtiges inneres Signalisierungssystem mit hoher Energie. Sie helfen uns, situationsbedingte Entscheidungen zu treffen und auf Geschehnisse in unserer Umgebung unmittelbar zu reagieren. Die Empfindung von Angst beispielsweise aktiviert im Falle einer akuten Gefahr eine sofortige Kampf- oder Fluchtbereitschaft. Sie kann unter Umständen lebensrettend sein. So hat jede Emotion ihren Sinn und spezifischen Zweck. Wut beispielsweise dient unserem Schutz und hilft uns, unsere Grenzen zu wahren. Trauer ist unserem Umgang mit Verlust dienlich.

Jede Emotion ist „energy in motion", Energie in Bewegung, die uns in Aktion bringen möchte. Wird diese Energie regelmäßig unterdrückt oder verdrängt, bleibt sie als gebundene Energie in unserem System stecken und äußert sich früher oder später destruktiv – vielleicht als lästiges körperliches Symptom oder als Psychoneurose. So liegen beispielsweise einer Depression (von depressere = niederdrücken) meist unterdrückte Emotionen – vorwiegend Wut oder Trauer – zugrunde. Wenn wir uns vor Augen führen, dass unser Körper zu rund 70 Prozent aus Wasser besteht, können wir uns unsere Gefühle und Emotionen als innere Bewegung dieser Flüssigkeiten vorstellen. Je ungehinderter wir diesen inneren Strom fließen lassen, umso beweglicher und auch seelisch bewegbarer bleiben wir. Je stärker wir uns dagegen sträuben und unseren Emotionsfluss einer - meist mentalen - Kontrolle unterwerfen, umso unflexibler, abgestumpfter und rigider werden wir – auf der physischen wie auf der psychischen Ebene.

## Die drei Grundnöte des Menschen

Das menschliche Leid hat tausend Gesichter, es zeigt sich uns in den verschiedensten Ausdrucksformen. Woran leidet der Mensch in seiner tiefsten Tiefe? Welches sind seine grundlegenden Ängste und Sorgen? Und wie kann er sie überwinden?

Karlfried Graf Dürckheim, der Begründer der initiatischen Therapie, spricht von einer „Dreieinheit des Seins" - von drei grundlegenden Erfahrungen, die unser Leben bestimmen: Die Erfahrung von Kraft und Fülle, die Erfahrung von Sinn und die Erfahrung von Verbindung und Einheit.

Jeder Mensch spürt in sich eine Lebenskraft, einen „élan vital" (Bergson). Sein ganzes Wesen ist durchdrungen von dieser vitalen Lebensenergie. Sie ist es, die den Menschen befähigt zu überleben. Sie lässt ihn wachsen, arbeiten, sich durchsetzen und von Krankheit genesen. Sie ist Ausdruck einer schöpferischen Fülle, Drang zu steter Entwicklung und Entfaltung.

Der zweite grundlegende Lebensaspekt ist die Erfahrung von Sinn. Alles was lebt, entfaltet sich in Übereinstimmung mit einem universellen Gesetz. Alles Lebendige folgt einer Ordnung und drängt danach, in eine bestimmte Gestalt hineinzuwachsen. In seiner ihr entsprechenden Gestalt findet es seinen Sinn.

Als dritter Impuls wirkt in allem, was lebt, der Drang nach Ganzheit. Alles strebt nach Verbindung und Liebe, trägt in sich die Sehnsucht nach Einheit – mit der Welt, mit Gott.

Aus den drei Grunderfahrungen des Menschen entspringen seine drei Grundnöte: die Angst vor dem Untergang, die Verzweiflung am Widersinn und die Trostlosigkeit angesichts der Einsamkeit. Je stärker die Möglichkeit von Vernichtung, Sinnlosigkeit und Vereinsamung den Menschen bedroht, umso mehr wächst seine Not. Doch gerade in seiner Not liegt auch seine große Chance - nämlich über sein „weltbedingtes Ich" hinauszuwachsen, seine Identifizierung mit dem „Welt-Ich" zu transzendieren, indem er die Möglichkeit seines Untergangs, der Sinnlosigkeit und der Einsamkeit anzunehmen lernt. „Dann kann es geschehen, dass der Mensch, wo er die Vernichtung seines Lebens akzeptiert, ein ‚Leben' verspürt, das jenseits ist von Leben und Tod, im Annehmen des Absurden einen Sinn, der jenseits ist vom Sinn und Unsinn der Welt, und im Annehmen der Einsamkeit eine Geborgenheit, die jenseits ist von Geborgenheit oder Verlassenheit dieser Welt."[50]

Ein Mensch, der diese „Seinserfahrung" gemacht hat, geht verwandelt daraus hervor. Er hat die drei Grundnöte seines irdischen Daseins weitgehend überwunden. Er hat nun Zugang zu einer ganz neuen Qualität von Kraft. Der unvermeidliche Tod bereitet ihm keine Angst mehr. Er findet sich tief verankert in einer unerschütterlichen Gewissheit um den Sinn, egal, wie viel Ungerechtigkeit und scheinbare Sinnlosigkeit ihm in der Welt begegnen. Er hat gelernt, eine überpersönliche Liebe zu empfinden, eine Liebe, die nicht an Bedingungen und Erwartungen gefesselt ist.

## Der verwundete Heiler

Ein fundiertes Fachwissen und technische Kompetenz sind wichtige Voraussetzungen für das erfolgreiche Ausüben eines therapeutischen Berufes. Doch die einseitige Ausrichtung unseres heutigen Gesundheitssystems auf Technik und Fachwissen geht immer mehr auf Kosten der menschlichen Qualitäten. Die essentielle Grundlage jedes wirksamen therapeutischen Arbeitens ist der heiltätige Mensch selber. Jeder therapeutisch tätige Mensch „hat nicht nur eine Methode: er selber ist sie."[51] Der Inhalt seiner persönlichen Lebensgeschichte hat einen wesentlichen Einfluss auf den Heilerfolg.

„Nur wo der Arzt selber betroffen ist, wirkt er.", schreibt C.G. Jung in seiner Autobiographie. „Nur der Verwundete heilt."[52] Das Motiv vom „verwundeten Heiler" dreht sich um den schöpferischen Umgang des

Therapeuten mit seiner eigenen Verwundung, seinem persönlich erlebten Schmerz und Leid. Seine an Leib und Seele durchlittene Auseinandersetzung mit eigenen Verletzungen und Nöten ist das Kapital, welches er - neben seinem Fachwissen - mitbringt, um andere Menschen von ihrer Wunde zu heilen. Nur wer den dreistufigen Prozess von Leiden, „Zu-Grunde-Gehen" und wieder Auferstehen selbst durchlebt hat, ist qualifiziert, mit seinen Patienten in eine Beziehung zu treten, die Heilung ermöglicht. Nur derjenige Therapeut, der einen offenen und bewussten Umgang mit seiner eigenen Verwundbarkeit und Zerbrechlichkeit pflegt, ist imstande, seinem verwundeten Gegenüber in echter Resonanz zu begegnen - mit Einfühlungsvermögen und aufrichtigem Mitgefühl.

Der Archetyp des verwundeten Heilers begegnet uns in der Mythologie, im Schamanentum und besonders eindrücklich in der Person von Jesus. Die großen Heilkundigen der griechischen Mythologie, wie Chiron oder Asklepios (Äskulap), wurden erst durch die bewusste Auseinandersetzung und Überwindung ihrer persönlichen Verwundungen zum Heilen befähigt. Sie alle mussten aufgrund ihres Leidens den Abstieg in die „Finsternis der Unterwelt" begehen. Durch die Konfrontation mit ihrem Unbewussten, durch die Aussöhnung mit ihren „inneren Dämonen" konnten sie ihr Bewusstsein erweitern.
Im Altertum herrschte die Vorstellung, in jeder Krankheit sei Göttliches wirksam. Folglich konnte eine Krankheit nur durch das Göttliche geheilt werden. Nur dem, der den Abstieg ins Dunkel der Unterwelt gewagt hatte, stand der Aufstieg zu den Göttern und die daraus resultierende Heilung offen. Heilung geht immer mit einer Bewusstseinserweiterung einher.
Symbol des Arztberufs ist der „Äskulapstab", ein Stab, um den sich eine Schlange windet. Das nach oben Kriechen des erdverbundenen Tieres symbolisiert den zur Heilung erforderlichen Bewusstwerdungsprozess. Eigentliche Aufgabe eines Arztes ist es also, seinen Patienten auf seinem Weg zu einem höheren Bewusstsein zu begleiten. Ob dies mit dem –

heutzutage gängigen – bloßen Verabreichen eines Medikaments erreicht wird, ist zu bezweifeln. Die für jeden Heiler notwendige Fähigkeit, eine Verbindung zwischen Irrationalem und Bewusstem zu schaffen, veranschaulicht auch Chiron, der Lehrer von Äskulap und wohl bekannteste verwundete Heiler der Antike. Er war ein Kentaur: halb Mensch, halb Tier.

Auch im Schamanentum unterschiedlicher Stammeskulturen begegnet uns das Motiv vom verwundeten Heiler. Im Verlaufe seiner Initiationskrise muss der designierte Schamane die drei Stadien von Leiden, Tod und Auferstehung durchlebt haben, bevor er in den Kreis der „Erwählten" aufgenommen wird. Nur über das eigene schmerzhafte Erleiden von oft dramatischen physischen und psychischen Symptomen erfährt er eine innere Wandlung, die ihn schließlich befähigt, die heilige Rolle eines Medizinmanns und Heilers zu übernehmen.

In der Einsamkeit der Wildnis, ganz auf sich selbst gestellt, begeht er den Abstieg in die Unterwelt. In der Konfrontation mit übernatürlichen Kräften und Geistern lernt er, schöpferische Wege zu finden, die ihn von seiner Verwundung oder Krankheit heil werden lassen. Dieser intensive Prozess öffnet ihm die Tore zu verschiedenen Bewusstseinszuständen. Er wird zum Vermittler zwischen diesseitiger und jenseitiger Welt.

Der bedeutendste Brückenbauer zwischen den zwei Welten war ohne Zweifel Jesus. Sein Dasein im Spannungsfeld von Mensch-Sein und Gott-Sein erforderte viel Kraft. Es war von hoher Intensität, voller Herausforderungen. Nicht erst seine Kreuzigung, sondern viele vorherige Stationen seines bewegten Lebenslaufs zeugen von einer tiefgehenden Begegnung mit Leid und Schmerz: die vierzig Tage in der Wüste, seine Begegnung mit dem Teufel, die Anfeindungen durch das eigene Volk, die Todesängste am Vortag seiner Hinrichtung. So paradox es klingt: Diese Verwundungen erst machten ihn heil, machten sein Wesen vollkommen. Sie weckten seine Barmherzigkeit, verliehen ihm sein unbegrenztes Mitgefühl, formten ihn zum „Heiland", zum Heiler und Erlöser der Welt.

Wie wir am Vorbild der antiken Heiler, der Schamanen und von Jesus erkennen können, erfordert wahre Heilkunst mehr als fachliche Kompetenz. Sie erfordert den ganzen Menschen. Vor allem bedarf sie der Fähigkeit des Heilers, Verbindung zu schaffen und mit leidenden Mitmenschen in mitfühlende Resonanz zu gehen. Dies kann nur derjenige, der an eigenem Leib und eigener Seele Leid und schmerzliche Verwundungen durchstanden und ihren entwicklungsfördernden Sinn erfahren hat. Nur der verwundete Heiler, der durch bewusstes Ringen mit dem Dunkel seiner Unterwelt den Kontakt zum Licht eines übergeordneten Sinns gefunden hat, wird zum erfolgreichen Mittler und Medium zwischen Diesseits und Jenseits. Durch ihn können Erde und Himmel einander berühren. Diese Verbindung ist die Wurzel wahrer Heilung.

# KAPITEL 4

## JA zu Gott

*„Es ist gleichgültig, was die Welt über die religiöse Erfahrung denkt, derjenige, der sie hat, besitzt den großen Schatz einer Sache, die ihm zu einer Quelle von Leben, Sinn und Schönheit wurde und die der Welt und der Menschheit einen neuen Glanz gegeben hat."*
*(C.G. Jung)*

*Einleitung*

*„Gott im Geiste ein wenig zu berühren, das ist eine große Glückseligkeit, ihn jedoch zu begreifen, das ist gänzlich unmöglich."*[53]
*(Augustinus)*

Die Frage nach dem Sinn des Daseins ist wohl so alt wie die Menschheit selbst. Seit der Mensch staunend und voller Ehrfurcht den Sternenhimmel betrachtet, seit er Sonne, Mond und den Lauf der Planeten erforscht, die höchsten Berggipfel erklimmt und die tiefsten Tiefen der Ozeane ergründet, stellt er sich die Frage, wie all diese Wunder entstanden sein könnten, was all dies bedeutet. Und stets war die Frage nach dem Sinn des Lebens eng verknüpft mit der Frage nach Gott.
Zu allen Zeiten schon war der Mensch auf der Suche nach Gott. Sein Wissen um die Vergänglichkeit des irdischen Lebens schürte sein Verlangen nach etwas unendlich Großem, Immerwährendem, das die ihm bekannten, begrenzten Dimensionen transzendiert.

Im Menschen der heutigen Zeit tobt ein heftiger innerer Kampf. Die wachsende Anforderung der Welt nach Leistung, Erfolg und materiellem Wohlstand setzt ihn unter immensen Druck. Gleichzeitig hungert seine vernachlässigte Seele nach Nahrung und Hinwendung. Der Mensch ist angesichts seines irdischen Daseins verwirrt und voller Sehnsucht zugleich. Er sehnt sich in seiner inneren Unruhe stärker denn je nach etwas Zeitlosem, Stillem, Geborgenheitsstiftendem, in dem seine Seele zur Ruhe kommen kann und befreit wird von Anhaftung, Rastlosigkeit und Leid. Sein innigster Wunsch ist es, sein begrenztes Bewusstsein zu überschreiten und teilzuhaben an einem kosmischen, alles umgreifenden Bewusstsein, eins zu werden mit Gott. In den Worten des heiligen Augustinus: „Auf dich hin hast du uns erschaffen und unruhig ist unser Herz, bis es ruht in dir."

Je intensiver die Menschen darunter leiden, sich von ihrem tiefsten Innern entfernt und sich im Außen verloren zu haben, umso stärker wächst in ihnen das Bedürfnis, wieder einen Bezug zu ihrem geistigen Ursprung herzustellen. Sie sehnen sich nach etwas, das ihren Alltag übersteigt, ihrem Leben einen tieferen Sinn gibt. Ihre Suche nach Sinn wird zu einer Suche nach Gott. Sie beginnen, das Göttliche als ihren Ursprung und ihre Bestimmung zu erahnen. Der Ausdruck des menschlichen Wunsches, sich auf eine transzendente, absolute Dimension zu beziehen, ist Religiosität. Religiosität ist immer verknüpft mit Sinnsuche. Der Philosoph Ludwig Wittgenstein sagt: „An Gott glauben heißt sehen, dass das Leben einen Sinn hat."[54]

In seinem Sehnen nach spiritueller Rückbindung (religio), umkreist der Mensch das Mysterium Gott und versucht, ihn mit seinem Verstand zu fassen. Doch wie sollte unser begrenzter Verstand das Grenzenlose je verstehen können? Wie sollte er die letzte Wirklichkeit erkennen? Da unser Verstand selbst ein Teil der Wirklichkeit ist, wird er die Wirklichkeit niemals objektiv und immer nur begrenzt erfassen können.

Das Mysterium Gott entzieht sich allen Definitionen. Gott ist ohne Anfang und ohne Ende. Er/sie/es ist unendlich und deshalb jenseits aller Begriffe. „Unbegreiflich ist diese absolute Seele, ohne Grenzen, ungeboren, dem Verstand unzugänglich, undenkbar."[55] So heißt es in den hinduistischen Upanischaden über Brahman, die letzte Wirklichkeit. Der göttliche Urgrund allen Seins ist absolut. Er ist weder durch Gedanken fassbar, noch durch Worte beschreibbar.

Unser Verlangen, Gott zu definieren und uns ein Bild von ihm zu machen, ist im Grunde Ausdruck unseres mangelnden Urvertrauens ins Leben, unserer Suche nach Halt und Kontrolle. Wer vertraut, hält es aus, nicht(s) zu wissen. Wenn wir uns dem großen Mysterium ohne Furcht hingeben können, öffnet sich uns ein weiter, heiliger Raum, in dem uns die wunderbarsten Erfahrungen und Einsichten offenbart werden können. Erst wenn wir alle Bilder und Vorstellungen von Gott hinter uns lassen, kann uns die Gnade zuteil werden, in erfüllenden Kontakt mit der letzten Wahrheit zu kommen.

Des Menschen Suche nach Gott wird niemals enden. Unstillbar ist sein Wunsch nach spürbarer Gegenwart Gottes, nach persönlich erlebter Gotteserfahrung. Und immer wieder stellt sich der Mensch die Frage: Ist Gott der allmächtige Erschaffer und Vernichter, der der Welt ferne gegenübersteht oder lebt Gott in uns und wir in ihm?

Nach wie vor suchen die meisten von uns Gott im Außen. Doch nach vergeblicher Jahrtausende währender Suche – im Himmel, in Kirchen, in Tempeln und Moscheen -, kommen immer mehr Menschen zu der Erkenntnis, dass Gott nur an einem Ort gefunden werden kann: In ihrer eigenen Seele. Sie erkennen Gott als ihr eigenes Selbst.

## Gott erfahren

*„Religiöse Erfahrung ist absolut. Man kann darüber nicht diskutieren.*
*Man kann nur sagen, dass man niemals eine solche Erfahrung gehabt habe,*
*und der Gegner wird antworten: Ich bedaure, aber ich hatte sie.*
*Und damit wird die Diskussion zu Ende sein."*[56]
*(C.G. Jung)*

Es gibt die unterschiedlichsten Wege, wie wir Menschen Gott erfahren können. Manch schöpferischer Mensch entdeckt im Laufe seines Daseins seinen ganz individuellen Weg, einen fühlenden Zugang zu seinem tiefsten Wesensgrund zu finden. Für den einen kann dies ein bestimmtes Musikstück oder Gemälde sein, für einen anderen sein tägliches Ritual der Meditation und Stille. Während der eine sich Gott an einem bestimmten Ort in der Natur nahe fühlt, erfährt der andere das Göttliche in zärtlicher Gemeinschaft mit einem geliebten Menschen. Wir alle sehnen uns danach, das Unendliche zu atmen, von ihm berührt zu werden. Doch sind es meist nur kurze, flüchtige Augenblicke der Gnade, in denen wir am Göttlichen teilhaben.

Der Religionsphilosoph Paul Tillich definiert „Glaube" als ein „Ergriffensein von dem, was uns unbedingt angeht". Glauben heißt nicht, irgendetwas für wahr zu halten. Erst der Zustand tiefen Ergriffenseins macht den Menschen zu einem wahrhaft Glaubenden und bringt ihn in nährenden Kontakt mit seiner spirituellen Quelle. Dann fühlt er sich lebendig, getragen, verbunden, beheimatet. Sein Leben ist erfüllt von Sinn, die Welt erscheint ihm in strahlendem Licht.

Wem die Nähe und Unmittelbarkeit einer transzendenten Kraft niemals selbst widerfahren ist, für den wird Gott unwirklich bleiben. Gott bleibt für ihn ein leerer Begriff. Wer aber das Göttliche einmal tief erfahren durfte, „besitzt den großen Schatz einer Sache, die ihm zu einer Quelle von Leben, Sinn und Schönheit wurde und die der Welt und der Menschheit einen neuen Glanz gegeben hat."[57]

Niemals kann eine tiefgreifende religiöse Erfahrung willentlich herbeigeführt werden. Sie kann uns nur als ein Geschenk der Gnade zufallen. Meist unerwartet wird sie uns zuteil und durchdringt unser ganzes Wesen. Voraussetzung für die Erfahrung des Numinosen ist der Rückzug unseres Ich. Meister Eckhart sagt, Gott warte vor unserer Tür, stets bereit einzutreten. Nur zwei Dinge müssten wir tun: Gott die Türe öffnen und unser Ich hinausschicken. Für beide zusammen ist in unserem Herzen kein Platz. Sri Aurobindo drückt es poetisch aus: „Der Kelch des Wesens muss leer und rein sein, damit der göttliche Nektar sich darin ergießen kann."[58]

Wäre das Göttliche nicht in uns angelegt, würden wir nicht nach ihm suchen, uns nicht nach ihm sehnen. Dies erkannte Goethe:

„Wär nicht das Auge sonnenhaft, wie könnt die Sonne es erblicken?
Läg nicht in uns des Gottes eigene Kraft, wie könnt uns Göttliches entzücken?"[59]

Was unsere Suche nach dem Göttlichen hervorruft, ist das Gesuchte selbst. Es sehnt sich danach, gefunden zu werden. Die Suche ist also eine gegenseitige. Das Göttliche möchte in uns Gestalt werden. Es sucht uns in gleichem Maße, wie wir es suchen. Unsere Aufgabe ist es, uns ihm vertrauensvoll zu öffnen und uns finden zu lassen. Nicht wir erfahren Gott, sondern Gott bringt sich in uns zur Erfahrung.

Wer versucht, die Gotteserfahrung zu erzwingen, wird sie niemals erleben, da er sie mit genau den Mitteln zu erreichen sucht, die sie verhindern. Yung-chia Ta-shih sagt über das Tao: „Nur wenn du ihm nachjagst, verlierst du es. Du kannst es nicht fassen, aber ebenso wenig kannst du es loswerden. Und während du keines von beidem tun kannst, geht es seinen Weg. Du schweigst und es redet – du redest und es bleibt stumm."[60]

Wird uns die Gnade der Gotteserfahrung gewährt, so ist sie nicht das Resultat unseres ehrgeizigen, ich-gesteuerten Tuns. Viel eher ist sie die Folge geduldigen, demütigen und hingabevollen Seins. Auch ein Gärtner kann das Wachstum einer Pflanze nicht selbst bewirken oder erzwingen. Er kann nur die günstigen Bedingungen für das natürliche Wachstum der Pflanze schaffen: Wasser, Licht und einen gesunden Nährboden.

Der Weg zu Gott erschließt sich uns also weniger durch aktives Suchen als dadurch, dass wir uns ungehindert finden lassen. Dies kann nur geschehen, wenn wir innerlich rein werden und die Identifikation mit unserem Ego allmählich abstreifen. Um dies zu veranschaulichen, gebraucht der indische Heilige Ramakrishna das Bild einer Nadel, die mit Schlamm bedeckt ist. Sie kann von einem Magneten solange nicht angezogen werden, bis sie vom Schlamm befreit wurde.

## Religion

Über den etymologischen Ursprung der Begriffe „Religion" und „Religiosität" herrscht keine Einstimmigkeit. Die einen leiten die Begriffe vom lateinischen „religare" (re: wieder, zurück & ligare: verbinden) ab und definieren Religion dementsprechend als Wiederverbindung mit dem Göttlichen. Andere dagegen sehen ihren Ursprung im lateinischen „relegere", was mit achtgeben oder sorgfältig berücksichtigen übersetzt werden kann. In diesem Falle könnte man Religion als sorgfältige und achtsame Verehrung des Göttlichen definieren.

Nach meinem Verständnis entsteht Religiosität aus dem tiefen Anliegen jedes Menschen nach Sinndeutung, nach moralischer Orientierung und nach Erklärung übersinnlicher Phänomene und Kräfte. Des Menschen größter Herzenswunsch ist die Wiedervereinigung mit dem göttlichen Urgrund. Diese Sehnsüchte sind es, die uns seit Anbeginn in unserem Innersten anrührten und in der Folge auch die Entstehung der verschiedenen Religionen bewirkten.

Die Religionen geben dem Menschen die Möglichkeit, in einer Gemeinschaft von Gleichgesinnten ihre Spiritualität zu organisieren, ritualisieren und strukturieren. Sie geben ihm ein Gefühl von Halt und Trost. Unzählige Menschen finden den Sinn ihres Daseins in der Zugehörigkeit zu einer bestimmten Konfession, ohne die sie sich orientierungslos fühlen würden. Diese bietet ihnen klar definierte moralische und ethische Richtlinien. Doch wann immer Religiosität auf bestimmte Lehrinhalte und Dogmen reduziert wird, besteht die Gefahr, dass der Fluss echter Spiritualität in ihrer allumfassenden Vielschichtigkeit und Tiefe eingeengt wird.

Die meisten organisierten Religionen erheben den Anspruch, die göttliche Offenbarung in der einzig wahren Version und Fülle empfangen zu haben und zu verwalten. Mit diesem Anspruch schränken sie die Beweglichkeit und Freiheit, die wir für eine tief greifende innere Wandlung benötigen, erheblich ein. Krishnamurti, der sich kompromisslos für die Freiheit des Menschen einsetzte, sagt dazu: „Die Wahrheit ist

grenzenlos, sie kann nicht konditioniert, sie kann nicht auf vorgege-
benen Wegen erreicht und daher auch nicht organisiert werden... Der
Glaube ist eine absolut individuelle Angelegenheit und man kann und
darf ihn nicht in Organisationen pressen. Falls man es tut, wird er zu
etwas Totem, Starrem, er wird zur Gier, zu einer Sekte, einer Religion,
die andern aufgezwungen wird... Ihr müsst zur Wahrheit aufsteigen, sie
kann nicht zu euch gebracht oder organisiert werden."[61]

Solange die Vertreter einer bestimmten Religion darauf pochen, dass
ihre Wahrheit die einzig richtige sei, sind sie in Gefahr, sich weit von
echter Religiosität zu entfernen. Sie verwechseln starre Dogmen und si-
cherheitsstiftende Glaubensformeln mit wahrem, demütigem Glauben,
der vor allen Dingen Vertrauen und Hingabefähigkeit ans Unbekannte,
Unkontrollierbare voraussetzt. Um in währende, befreiende Verbindung
mit der göttlichen Essenz treten zu können, müssen wir den Mut finden, uns auf das Unerklärliche, Unfassbare einzulassen, müssen wir uns
von allen äußeren Einflüssen, Meinungen, Systemen und Dogmen frei
machen. Solange wir zu wissen meinen, kann das große Unbekannte
unmöglich zu uns durchdringen. Solange wir zu wissen meinen, was
Gott sei, kann sich Gott uns nicht offenbaren. Nur ein vollkommen leerer Geist ist offen für das un(be)greifbare Göttliche und kann die Gnade
erfahren, es zu empfangen.

Auch wenn die Kirchen nicht müde werden, uns eindringlich zum
Glauben aufzufordern: Glauben ist weit mehr als eine reine Willenssa-
che. Ich kann nicht einfach glauben wollen. Niemand kann auf Geheiß
einer äußeren Institution glauben – genauso wenig, wie man auf Befehl
lachen oder weinen kann. Der Glaube lässt sich nun mal ebenso wenig
erzwingen wie die Liebe oder das Glück.

Im Theismus herrscht ein Subjekt-Objekt-Verhältnis zwischen Mensch
und Gott. Gott ist „ein Objekt für uns als Subjekte."[62] So vermitteln uns
die alten Schriften der drei monotheistischen Religionen Christentum,
Judentum und Islam mit Vorliebe ein Bild von Gott, das den „großen
Anderen" darstellt, der sich radikal von seiner Schöpfung unterscheidet. Unberechenbar, mal bestrafend, mal gnädig gestimmt, steht er uns

Menschen als unnahbarer Herrscher über das Universum gegenüber. Dieses alttestamentarische Bild eines allmächtigen, richtenden Gottes, der uns belohnt oder bestraft, hat zur Folge, dass wir etliche Aspekte unseres Wesens unterdrücken oder verdrängen. Es hindert uns daran, die ganze Fülle unserer Möglichkeiten anzunehmen und zum Ausdruck zu bringen. Nicht indem wir gegen Gebote und Dogmen der Kirche verstoßen, verfehlen wir unser Lebensziel, sondern vielmehr, wenn wir es versäumen, unser ganzes Sein zu bejahen und es selbstverantwortlich zu leben. Solange der Mensch die ihm unerwünschten Eigenschaften, Gefühlsregungen und Triebe einfach abspaltet, kann er niemals heil (= ganz) werden. Der jüdische Religionsphilosoph Martin Buber sagt: „Es gibt ja das Nichtheilige nicht, es gibt nur das noch nicht Geheiligte, noch nicht zu seiner Heiligkeit erlöste, das er (der Mensch) heiligen soll."[63]

Vom englischen Schriftsteller Gilbert Keith Chesterton stammt die Aussage: „Engel fliegen, weil sie sich leicht nehmen." Nun müsste man eigentlich davon ausgehen, dass sich Gott als ihr „Vorgesetzter" mindestens genauso leicht nimmt. Das Bild Gottes, das uns die Kirche vermittelt, entspricht jedoch oft genau dem Gegenteil. Da begegnet er uns vorwiegend als schwere und höchst ernste Autoritätsperson. Man denke beispielsweise an die oftmals ernste, formelle und salbungsvolle Stimmung in katholischen Gottesdiensten. Kein Wunder, dass für viele Kirchgänger „Religiosität" nicht viel mehr bedeutet, als genau das tun zu müssen, was sie im Grunde nicht mögen.

In allen Weltreligionen gibt es zwei grundsätzlich verschiedene Weisen, sich dem Göttlichen zu nähern: Einen äußeren, exoterischen und einen inneren, esoterischen Weg. Während sich der äußere Weg vorwiegend mit den theoretischen Aspekten der Gotteserkenntnis beschäftigt, zielt der innere Weg auf die unmittelbare Erfahrung dessen, was die jeweiligen Schriften und Theorien beinhalten. So hat jede große Religion ihren esoterischen Zweig: Im Christentum sind dies die Mystik und die Kontemplation, im Judentum die Kabbala, im Islam der Sufismus, im Hinduismus die verschiedenen Formen des Yoga und im Buddhismus unter anderem die Praxis des Zen oder der Vipassana-Meditation. Immer weniger junge Menschen suchen die Zugehörigkeit zu einer bestimmten Konfession. Vielmehr sehnen sie sich nach persönlicher Erfahrung der Transzendenz. Sie spüren den tiefen Wunsch, ihre Spiritualität aktiv zu leben. Problem der katholischen Kirche ist es, dass sie ihnen keinen praktizierbaren inneren Weg anzubieten hat. Dies ist der Grund dafür, dass sich immer mehr moderne Menschen zu den östlichen Religionen und deren Praktiken hingezogen fühlen.

Um Gott zu finden, müssen wir keiner institutionalisierten Religion angehören, müssen wir uns nicht Christ, Hindu oder Moslem nennen. Sofern sie ihre dogmatische Lehre nicht zu wichtig nimmt, kann jede Religion dem Menschen Orientierungshilfe und Wegweiser zum Göttlichen sein. Dabei ist keine Religion besser oder schlechter als die andere. In ihrem innersten Kern bergen sie alle dieselbe Wahrheit in sich. Sie geben ihr nur verschiedene Namen, schlagen unterschiedliche Wege vor, wie wir uns der letzten Wirklichkeit annähern können.

Das Schlusswort zu diesem Abschnitt soll Ramakrishna haben:

„Gott hat verschiedene Religionen geschaffen, um verschiedenen Strebungen, Zeiten und Ländern gerecht zu werden. Alle Lehren sind nur ebenso viele Wege; aber ein Weg ist keineswegs Gott selbst. Tatsächlich kann man Gott erreichen, wenn man irgendeinem von diesen Wegen mit voller Herzenshingabe folgt. Man kann einen Kuchen mit Zuckerguss gerade oder seitlich in den Mund schieben. Er schmeckt in jedem Fall süß. So wie ein und derselbe Stoff, Wasser, von verschiedenen Völkern mit verschiedenen Namen belegt wird – eines nennt ihn water, ein anderes eau, ein drittes aqua und wieder ein anderes pani, so wird die immerwährende, intelligente Seligkeit von manchen als Gott, von manchen als Allah, von manchen als Jehova und von anderen als Brahman angerufen. So wie man das Dach eines Hauses mit Hilfe einer Leiter oder eines Bambusrohrs oder einer Treppe oder eines Seils erklimmen kann, so sind auch die Wege und Mittel, sich Gott zu nähern, verschieden, und jede Religion der Welt offenbart einen dieser Wege.

Die Menschen zerstückeln ihre Länder mit Hilfe von Grenzen, aber den alles umspannenden Himmel über uns kann niemand zerstückeln. Der unteilbare Himmel umgibt und umschließt alle. So sagen die Unwissenden: "Meine Religion ist die einzige, meine Religion ist die beste." Aber wenn ein Herz von wahrer Erkenntnis erleuchtet ist, so weiß es, dass über all diesen Kriegen der Sekten und der Sektierer die eine, unteilbare, ewige, allwissende Seligkeit waltet.

So wie eine Mutter, die ihre kranken Kinder pflegt, dem einen Reis und Curry, dem anderen Sago-Pfeilwurz und dem dritten Brot und Butter gibt, so hat der Herr verschiedene Pfade für verschiedene Menschen bereitet, die ihrer jeweiligen Natur angemessen sind."[64]

## Rituale

In allen Religionen spielen Rituale eine bedeutende Rolle. Sie dienen dem Gefühl der Zusammengehörigkeit, geben der Glaubenserfahrung des religiösen Menschen Struktur, schaffen eine Brücke zur geistigen Welt. So spielen in allen Glaubensgemeinschaften Danksagungsrituale, Opferrituale, Heilungsrituale, Übergangsrituale, Reinigungsrituale und Segnungsrituale eine wichtige Rolle – in Form von Tänzen, Gesängen, Mantras, Gottesdiensten, Feiern oder Sakramenten.

Während das gemeinsame Zelebrieren von religiösen Riten in der modernen Welt an Bedeutung verliert, wächst das Bedürfnis des Menschen nach persönlichen Ritualen zunehmend. Der Lärm des Alltags, die Hektik der äußeren Welt überfluten unsere Seele, reißen uns aus unserer Mitte. Rituale dienen der Verlangsamung, im Ritual unterbrechen wir das unablässige Fliehen vor uns selbst. Für einen Moment halten wir inne. Es ist ein Innehalten im doppelten Sinn: Wir sagen „Stopp" und halten unser Innen.

„Die größten Ereignisse, das sind nicht unsere lautesten, sondern unsere stillsten Stunden"[65], erkannte schon Nietzsche. Persönliche Rituale führen uns in die Stille. Sie bringen uns in Kontakt mit unserem inneren Kern, geben uns das Gefühl von Geborgenheit und Heimat. Rituale heiligen den Augenblick. Indem sie uns ins Hier und Jetzt bringen, schaffen sie Orientierung, geben sie uns ein Gefühl von Sicherheit und innerem Halt.

Das moderne, laute und rasante Leben überflutet uns mit unzähligen Reizen. Multitasking und ständige Zerstreuung lassen uns kaum je zur Ruhe kommen. Kein Wunder, dass wir uns dabei in der Welt verlieren. Rituale schaffen einen heilsamen Kontrapunkt zur Hektik des Alltags. Sie erinnern uns an das, was wirklich wichtig ist, bringen uns zurück zu uns selbst. Sie dienen unserer inneren Sammlung, sie schaffen Struktur. Rituale erden uns. Sie erschaffen den Raum, den wir benötigen, um wieder festen Boden unter den Füßen zu spüren. Sie bringen Form ins Chaos. Während sie uns in schweren Zeiten Halt geben und Trost spenden, intensivieren sie in glücklichen Zeiten unser Gefühl von Freude und Dankbarkeit.

Persönliche Rituale sind eine wunderbare Möglichkeit, unsere Religiosität auf eine ureigene Weise zu leben und in den Alltag zu integrieren. Sie öffnen uns für die Transzendenz, sind Ausdruck unseres persönlichen täglichen Gottesdienstes. Rituale sind eine Zeit des Feierns - im Ritual feiern wir unsere Verwandtschaft mit dem Göttlichen.

## Meditation und Gebet

*„Ich erfuhr, dass es besser sei, zu Gott zu sprechen als über ihn."*
*(Thérèse von Lisieux)*

Als denkende und fühlende Wesen neigen wir dazu, die Welt, wie sie wirklich ist, mit der Welt unserer Gedanken, unserer inneren Bilder und Gefühle zu verwechseln. Unser Ego, das ständige Geschwätz unserer Gedanken, erzeugt einen Schleier, der die Wirklichkeit verdeckt. Ziel der Meditation ist es, diesen Schleier zu lüften. „Gottes Sprache ist die Stille. Alles andere ist eine schlechte Übersetzung", sagt ein östliches Sprichwort. Nur wenn wir unseren Geist kultivieren und zur Ruhe kommen lassen, wenn wir innerlich ganz still und leer werden, können wir mit der wahren Wirklichkeit in Berührung kommen, können wir unser Eins-Sein mit dem göttlichen Urgrund erfahren.

Im Grunde verfolgt Meditation kein Ziel, das es zu erreichen gilt. Im Frieden der Meditation können wir erleben, dass das Ziel unseres Lebens nicht an einem bestimmten Punkt in der Zukunft liegt, sondern im Hier und Jetzt. Meditation befreit uns aus unserer Befangenheit in Leid und Freude, den Forderungen und Verlockungen der raumzeitlichen Welt. Meditation bringt uns in Fühlung mit der Unendlichkeit.

Der Ursprung vielfältigster Meditationstechniken ist vor allem im Hinduismus und Buddhismus zu finden. Die christliche Form der Zwiesprache mit dem Göttlichen ist das Gebet. Wie die Meditation ist der Akt des Betens ein Weg, sich auf das Göttliche auszurichten. Vier Formen des Gebets sind zu unterscheiden: Das Bitten, die Fürbitte, die dankbare Hingabe und die Kontemplation.

Für den Menschen, der noch stark in seinem Ego steckt, ist Beten vor allem ein Weg, seine Bitten zu formulieren. So bittet er Gott um Glück, Gesundheit, Erfolg, Reichtum oder Erlösung. Beim Bitten stehen die persönlichen Wünsche des Menschen im Zentrum seines Gebets. Er hofft zu bekommen, was er sich wünscht, wenn er nur immer wieder darum bittet. Sein Credo lautet: „Mein Wille geschehe."Die Fürbitte ist Ausdruck eines inneren Engagements für unsere Mitmenschen, unserer Nächstenliebe. Durch die Fürbitte bekunden wir unsere Wünsche für ein Du. Sie kann auch Ausdruck von Vergebung sein, vor allem dann, wenn wir die innere Größe haben, für unsere Widersacher zu beten.

Das Gebet als dankbare Hingabe an das Göttliche erfordert Demut. Unser Ich mit seinen Wünschen und Anhaftungen muss soweit geläutert sein, dass es bereit ist, zurückzutreten. Dankbare Hingabe zeugt von unserer Bereitschaft, alles, was in unserem Leben geschieht, einwilligend zu bejahen. Sie ist Ausdruck des Vertrauens, einem höheren Sinn unterworfen zu sein. Nur im Vertrauen können wir uns für die göttliche Gnade öffnen. Dankbare Hingabe ist Ausdruck einer Verehrung des Göttlichen, die nicht an Bedingungen geknüpft ist. Ich verehre Gott nicht für das, was ich von ihm bekomme, sondern um seiner selbst willen und bin bereit zu sagen: „Dein Wille geschehe."

Die höchste Form des Gebets ist die Kontemplation. Ziel der Kontemplation (vom lat. contemplare = schauen) ist das Schauen und Erfahren des Göttlichen in uns. „Kontemplation ist der Zustand der Vereinigung mit dem Urgrund allen Seins."[66] Bei der Kontemplation oder mystischen Versenkung geht es nicht länger darum, etwas zu tun, um Gott zu finden. Nicht mehr ich bete, sondern Gott selbst betet in mir. Ich übergebe mich dem Göttlichen und lasse mich von ihm finden. Dann erkenne ich mein Antlitz als das Antlitz Gottes und in allem, was mir begegnet, erkenne ich Gott.

## In allem Gott sehen

*„If you can't see God in all, you can't see God at all."*
*(Yogi Bhajan)*

Alles, was ist und alles, was (uns) geschieht, ist ein Ausdruck des Göttlichen, ist eine Erfahrung Gottes seiner selbst. In diesem Sinn ist also jede Begegnung unter Menschen eine Begegnung Gottes mit sich selbst, jeder menschliche Gedanke über Gott ein Gedanke Gottes über sich selbst, jeder Kampf ein Kampf Gottes mit sich selbst, jeder Akt der Liebe ein Liebesakt Gottes für sich selbst.

In allem, was sich ereignet, ereignet sich Gott. In allem, was uns begegnet, begegnet uns Gott. Für die östlichen Religionen ist dieser Gedanke ganz selbstverständlich, während man sich im westlichen Theismus schwer mit dieser Vorstellung tut. Dort begegnet man Gott frühestens im Himmel. Der Himmel gilt als der Ort der Befreiung und Erlösung. Dort irgendwo befindet sich das Reich Gottes.

Andere aber erkennen den Himmel auf Erden. Sie nehmen alles, was ihnen im Alltag begegnet - das Allerkleinste wie das Allergrößte, das Dunkelste wie das Hellste - als Ausdruck des Göttlichen wahr. Alles erscheint ihnen im Licht der Ewigkeit. Sie haben verinnerlicht, dass das Reich Gottes – wie Jesus betonte – in ihnen selbst zu finden ist, nicht ausschließlich im Himmel.

Zu diesem Thema folgender Witz: Zum Anlass ihrer Kommunion fragt der ehrwürdige Herr Pfarrer die kleine Sophie: „Wenn Du mir sagen kannst, wo Gott ist, bekommst Du von mir ein Bonbon." Worauf Sophie antwortet: "Wenn Du mir sagen kannst, wo er nicht ist, bekommst Du von mir eine ganze Tüte."

Oft wird Religiosität mit der Zugehörigkeit zu einer Konfession gleichgesetzt. Ein Mensch kann aber durchaus tief religiös sein, ohne einer bestimmten konfessionellen Institution anzugehören und deren Traditionen und Bräuche zu pflegen. Religiös ist, wer eine lebendige und innige Herzensverbindung zu seinem göttlichen Urgrund pflegt. Er lebt diese Verbindung in möglichst jedem Augenblick seines Alltags. Jeden Moment seines Daseins macht er zu einem Gottesdienst, stellt ihn in den Dienst des Göttlichen. Zu jedem Zeitpunkt können wir unsere Freude am Leben, unsere Dankbarkeit für unser Dasein feiern, indem wir das Göttliche daran teilhaben lassen. Bekanntlich wächst jede Freude, wenn wir sie mit einem Freund oder einer Freundin teilen. Genauso haben wir jederzeit die Möglichkeit, uns in unseren leidvollen Momenten dem Göttlichen anzuvertrauen.

Im selben Maß wie wir das Göttliche suchen, sucht das Göttliche uns. Je mehr wir uns unseres göttlichen Ursprungs gewahr werden, umso weniger suchen wir das Außergewöhnliche und streben wir nach ständigen Highlights. Wir entdecken das Heilige auch im Kleinen, Einfachen, Alltäglichen, mit wachsender Reife vielleicht sogar im Schmerzvollen.

Und während wir das Heilige im Alltäglichen erfahren, beginnen wir allmählich, uns selbst als Aspekt dieses Heiligen zu erkennen. Vermehrt machen wir tief greifende Erfahrungen, in denen uns die unerschütterliche Gewissheit zuteil wird, mit dem Göttlichen eins zu sein. Wir können diese Erfahrungen als „Gipfelerlebnisse" (Maslow), als „Begegnungen mit dem Numinosen" (Jung) oder als „mystische Erfahrungen" bezeichnen.

## Mystik

*„Das Auge, in dem ich Gott sehe,*
*das ist dasselbe Auge, darin mich Gott sieht."*
*(Meister Eckhart)*

In der mystischen Erfahrung löst sich die Grenze zwischen Gott und der Welt auf. Der Mensch erfährt sich in der „unio mystica" als eins mit dem Göttlichen, als eins mit allem, was ist. Alle Gegensätze vereinen sich. Für den Mystiker ereignet sich Gott in jedem Augenblick, in jedem Ding, in jeder Handlung. Er erfährt das Ewige im Hier und Jetzt. Er erkennt Gott im winzigsten Kleinen genauso wie im erhabensten Großen.

In den östlichen Religionen hat die mystische Erfahrung seit jeher eine zentrale Bedeutung. Viele religiöse Praktiken des Ostens sind darauf ausgerichtet, dem Menschen gangbare Wege zur Loslösung von seiner Ich-Bindung zu vermitteln, deren letztes Ziel die Verwirklichung eines transzendenten, erleuchteten Bewusstseinszustandes der „Leere" ist, in welchem sich jegliche Empfindung von Dualität und Subjekt-Objekt-Spaltung auflöst. Diese Erfahrung des Einsseins mit dem Absoluten wird im Buddhismus als „Erleuchtung", „Nirvana" oder „Satori" bezeichnet, im Hinduismus als „Moksha" (Befreiung) oder „Nirvikalpa-Samadhi".

Auch im Christentum haben mystische Strömungen eine lange Tradition, wurden von der Kirche aber oft vehement bekämpft. Die Kluft zwischen Mensch und Gott sollte bestehen bleiben. Am Gottesbild als Urvater, der als der „ganz Andere" verehrt, gepriesen und gefürchtet wird, durfte keinesfalls gerüttelt werden.

Das Verhältnis des Mystikers zu Gott ist dem diametral entgegengesetzt: Er erfährt sich als „eins" mit dem „großen Anderen". Der Graben zwischen seiner persönlichen Seele und der Weltseele hat sich geschlossen. Für den Mystiker ist Gott nicht nur das Du, dem er in liebevoller Hingabe begegnet, sondern auch die allem innewohnende Schöpferkraft, die diese Erfahrung erst ermöglicht. In seiner bedingungslosen Hingabe und Liebe zu Gott ist er sich selbst so weit „entrückt", dass sich sein Ich-Bewusstsein „aufgelöst" hat und er in der mystischen Ekstase (vom lat. ex + stare = hinaus stehen) mit Gott verschmilzt.

Den demutsvollen Wunsch des Mystikers nach Befreiung von jeglicher Ich-Bindung und die sich daraus ergebende Vereinigung mit Gott bringt der schweizerische Mystiker Bruder Klaus im bekannten Gebet auf berührende Weise zum Ausdruck:

*„Mein Herr und mein Gott,*
*nimm alles von mir, was mich hindert zu dir.*
*Mein Herr und mein Gott,*
*gib alles mir, was mich führet zu dir.*
*Mein Herr und mein Gott,*
*nimm mich mir und gib mich ganz zu eigen dir."*

Immer wieder werden Mystiker und generell alle Menschen auf diesem inneren Weg mit dem Vorwurf der Wirklichkeitsflucht behaftet. Sind Mystiker wirklich abgehobene, weltfremde Asketen, die ständig und ausschließlich mit sich selbst beschäftigt sind, in ichbezogener Nabelschau versunken? Das Gegenteil ist der Fall: Der wahre Mystiker, der die Einheit aller Wesen und Dinge erfahren durfte, ist erfüllt von einem tiefen inneren Engagement für die Welt. Er ist sich bewusst, dass unsere irdische Welt nicht geschaffen worden sein kann, damit wir sie ablehnen und uns von ihr abwenden. Sein sehnlichster Wunsch ist es, der Welt zu dienen und einen konstruktiven Beitrag zu ihrer Befreiung und Höherentwicklung zu leisten. Die Konsequenz seiner mystischen Erfahrung ist ein inniges Mitfühlen mit allen Kreaturen, erfährt er doch die Freude des anderen als seine eigene Freude, das Leid des anderen als sein eigenes Leid.

Im Buddhismus findet diese Lebenshaltung ihren höchsten Ausdruck in der Gestalt des Bodhisattva. Der Bodhisattva ist nicht ausschließlich auf seine eigene Erlösung aus, sondern auf die Erlösung der ganzen Welt. Aus Mitgefühl zu allen der Welt noch verhafteten und deshalb leidenden Wesen verzichtet er auf das Eingehen ins Nirvana. Er gelobt, solange ein liebevoll engagiertes Mitglied der irdischen Welt zu bleiben, bis auch alle anderen Geschöpfe ihre vollständige Befreiung gefunden haben.

## Glaube, Ich-Befreiung, Liebe

Was einen religiösen Menschen auszeichnet, sind sein Glaube, seine Ich-Freiheit und seine Liebe zu Gott und allen Kreaturen.

Unser Glaube an eine transzendente Kraft ist die Voraussetzung für unsere Fähigkeit, unser Ich zurücktreten zu lassen. Ich-Freiheit wiederum ist die Voraussetzung für die Fähigkeit, bedingungslos zu lieben.

Doch was heißt es zu „glauben"? Was heißt es, „sich von seinem Ich zu befreien"? Was heißt es zu „lieben"?

Glauben heißt: sich einer Transzendenz anvertrauen, die unsere Sinne und unseren Verstand übersteigt. „Glauben bedeutet, den Verstand verlieren, um Gott zu gewinnen.", sagt Kierkegaard. Unser Verstand steht unserer Gotteserkenntnis im Weg. „Durch Nachdenken über Gott wird Gottes Sein nur immer fragwürdiger."[67]

Glauben – im religiösen Sinn - ist verknüpft mit Vertrauen. Nur wer vertraut, kann sich wagemutig einem Mysterium hingeben, das sich der mentalen Kontrolle entzieht. Echter Glaube hilft uns, unser Ich zurücktreten zu lassen, um uns etwas Größerem, Umfassenderem zu öffnen.

Ich-Befreiung bedeutet Loslösung von jeglicher Ich-Bezogenheit und Ich-Sucht. Nur wer die Identifikation mit seinem endlichen Ich aufgibt, kommt in Beziehung zum Unendlichen. Das Göttliche kann in dem Maße in unser Herz einfließen, wie sich unser Ego daraus zurückzieht. Für beide ist darin kein Platz. „Gottes Reich" kann erst dann aufgehen, wenn „unser Reich" vergeht.

Meister Eckhart sagt: "Das Reich Gottes ist ein Schatz, der von der Zeit, der Vielfalt der Dinge und von unseren eigenen Aktivitäten und unserer begrenzten Natur verborgen ist. Je mehr wir uns aus dieser Vielfalt herausnehmen, desto mehr entdecken wir das Reich Gottes in uns... Hier sind wir eins mit der Gottheit."

Wir können uns von den Fesseln unseres Ego nicht lösen, indem wir uns aus der Welt und ihrer Fülle zurückziehen. Oftmals finden wir gerade bei puritanisch eingestellten Menschen, die ein asketisches Leben propagieren, ein stark inflationäres Ich, was sich in Hochmut, Arroganz oder Fanatismus äußern kann. „Die Haltung des Asketen, der sagt: "Ich begehre nichts" und die Haltung des in der Welt stehenden Menschen, der sagt: „Ich begehre diesen Gegenstand", ist ein und dasselbe. Der eine hängt genauso sehr an seiner Entsagung wie der andere an seinem Besitz", sagt Aurobindos Gefährtin „Die Mutter".[68]

Die beste Übungsfläche, um echte Ich-Befreiung zu kultivieren und unser Ich zu transzendieren, ist und bleibt wohl für uns alle der Umgang mit unseren Mitmenschen im alltäglichen Leben.

Echte Liebe ist bedingungslos. Ein Mensch, der wahrhaft liebt, ist selbstlos. Er erwartet nichts und lässt sich nicht beirren, wenn seine Liebe nicht erwidert wird. Bernhard von Clairvaux beschreibt Liebe folgendermaßen: „Die Liebe sucht keinen Lohn und ist sich selbst genug. Sie ist ihr eigener Lohn, ihre eigene Freude. Ich liebe, weil ich liebe. Ich liebe, um lieben zu dürfen. Von allen Empfindungen und guten Gefühlen ist die Liebe die einzige Form von Zuneigung, durch die das Geschöpf – obwohl nicht auf der gleichen Ebene – mit dem Schöpfer in Verbindung treten und Ihm etwas zurückgeben kann, das dem ähnelt, was es empfangen hat ... Wenn Gott liebt, verlangt Er nur, geliebt zu werden, denn Er weiß, dass die Liebe alle, die ihn lieben, glücklich macht."[69] Das entscheidende Gebot des Christentums ist das Gebot der Nächstenliebe. Das Wesen Gottes fasst Jesus in drei Worte: Gott ist Liebe. Jesu' Liebe dient uns Menschen als Vorbild, unsere Mitmenschen genauso zu lieben, wie Gott uns liebt. Die zentrale Aussage seiner Lehre lautet: „Liebe deinen Nächsten wie dich selbst." Dieser Kerngedanke hatte schon vor seiner Zeit in vielen Kulturen eine große Bedeutung, bezog sich aber meist nur auf die eigene Sippe oder das eigene Volk. Jesus dehnte diese Forderung auf die gesamte Menschheit aus, unabhängig von Hautfarbe oder Rasse – ja, sogar auf die Feinde.

Jesus ermutigte die Menschen seiner Zeit zu Glaube, Ich-Befreiung und Liebe und er lebte dies auf eindrückliche, kompromisslose Weise vor: Sein Glaube und sein Vertrauen in seinen Vater waren beispiellos, ohne Grenze. Seine Selbstpreisgabe ging so weit, dass er bereit war, das ganze Spektrum menschlichen Leids an sich selbst zu erfahren. In seiner mitfühlenden und barmherzigen Hinwendung an alle Geschöpfe ist er uns Vorbild einer allumfassenden, bedingungslosen Liebe.

## Schöpfer sein

*„Hat überhaupt die Schöpfung eine Endabsicht,*
*und wenn dies ist, warum wird diese nicht unmittelbar erreicht,*
*warum ist das Vollkommne nicht gleich von Anfang?*
*Es gibt darauf keine Antwort als die schon gegebene:*
*weil Gott ein Leben ist, nicht bloß ein Sein. "*
*(F. W. J. Schelling)*

Ein wahrhaftiges JA zu Gott beinhaltet mehr, als an Gott zu glauben und ihn zu verehren. Es bedeutet, Gott zu leben.

Kreativität ist die höchste Wirklichkeit allen Seins. Im Grunde sind alle Elemente und Phänomene des Universums kreative Ereignisse. Jeder Aspekt der Schöpfung, alles je Erschaffene, entspringt dem Göttlichen, trägt das Göttliche in sich, bewegt das Göttliche.

Als Frucht der universalen Schöpfungskraft möchte der Mensch in seinem tiefsten Innern vor allem eins: selbst Schöpfer sein. In dem Maße, in dem er sein kreatives Potenzial entfaltet und zum Ausdruck bringt, findet er den Zugang zur Fülle des Lebens. Als Mitschöpfer kommt er in Einklang mit der schöpferischen Kraft, die das Universum erschafft und lenkt. Die passive Rolle als bloße Kreatur ist für jeden Menschen auf die Dauer unbefriedigend. Er will sich selbst als Schöpfer erleben und etwas erschaffen können, das über ihn selbst hinausgeht. Seine Sehnsucht nach Transzendenz ist seine stärkste innere Antriebsfeder.

Das Füllhorn Leben bietet unzählige Möglichkeiten, das uns innewohnende schöpferische Potenzial Gestalt werden zu lassen – sei es durch das Zeugen und Aufziehen eines Kindes, durch das praktische Umsetzen von Ideen und Visionen, durch künstlerische Tätigkeit und durch vieles mehr. So liegt das höchste religiöse Ziel des Menschen nicht im Glauben allein, sondern vor allem im Erschaffen, im Mitwirken am Werk Gottes. Gott „hat sich nicht von der Welt zurückgezogen, um sie von außen zu lenken, er treibt sie von innen an; er hat sich ihr nicht vorenthalten." Im Verlaufe seiner Bewusstseinsentwicklung beginnt der

Mensch, sich zunehmend als aktiven Teil des Göttlichen zu erkennen. Der Durchbruch zu einem transpersonalen Gottesbild führt ihn zu der Einsicht, dass keine feststehende, unwandelbare Wirklichkeit existiert. Er erkennt das Göttliche – wie sich selbst – als dynamischen Prozess, der sich endlos weiterentwickelt und entfaltet. Gottes Reich ist nicht mehr länger eine „gemütliche Komfortzone, sondern ein epochales, umwälzendes Ereignis – sowohl im Inneren eines Menschen als auch im Herzen einer sich fortwährend wandelnden Gesellschaft."[70]

## Die drei Gesichter Gottes

Wer ein möglichst integrales Bild von Gott anstrebt, dem kann Ken Wilbers Konzept von den „Drei Gesichtern Gottes" eine wertvolle Anregung sein. Wilber schlägt vor, Gott aus drei verschiedenen Perspektiven zu betrachten: als „das große Ich" (Gott in der ersten Person), als „das große Du" (Gott in der zweiten Person) und als „das große Es" (Gott in der dritten Person).
Die meisten Menschen glauben, sich für eines der drei Gesichter Gottes entscheiden zu müssen. So sind die theistischen Traditionen seit jeher vorwiegend auf einen Gott in der zweiten Person ausgerichtet. Sie sehen in Gott „das große Du", ein allmächtiges Gegenüber außerhalb ihrer selbst. Heutzutage wird dieses Gottesbild von immer mehr Menschen abgelehnt. Vor allem die Vertreter neuer religiöser Bewegungen tun sich schwer damit, sich voller Hingabe einem Gott in der zweiten Person anzuvertrauen. Für sie hat das „große Es", ein Gott in der dritten Person, weit mehr Anziehungskraft.

Das dritte Gesicht Gottes, das große, alles umgreifende „Es" erfahren wir als die imposante Fülle von allem, was sich im Universum manifestiert. Es gibt keine Scheidewand zwischen Gott und der Welt, keine

Trennung zwischen Geist (spirit) und Materie. In allen Dingen, Formen und Erscheinungen der Welt widerfährt uns das Göttliche. Wir erkennen Gott als die EINE Wirklichkeit, die sich uns auf mannigfaltigste Weise offenbart. In den Worten von Nikolaus von Kues: „In Gott ist alles eingefaltet, was ist. Gott ist die Entfaltung von allem. Er ist so in den Dingen, dass alle Dinge in ihm sind."[71] Gott in der dritten Person ist das große Netz des Lebens, „die große ineinandergreifende Ordnung." Alles ist mit allem sinnvoll verbunden. Alles, was uns begegnet, ist eine Manifestation des Göttlichen – vom winzigsten Sandkorn bis zur gigantischsten Sonne, von der unbewussten Amöbe bis zum vollends erwachten Menschen.

Das zweite Gesicht Gottes, das „große Du", erfährt der Mensch als ein Gegenüber, das unermesslich größer ist als alles, was sich sein Geist vorstellen kann. In Demut und Dankbarkeit vertraut er sich ihm an. Wer Gott in der zweiten Person verehrt, erkennt in ihm die Quelle aller Gnade und allen Segens und strebt danach, mit ihm in eine hingabe- und liebevolle Beziehung zu treten.

Es gibt zwei grundlegend verschiedenartige Wege, Gott als Du zu begegnen. Der Mensch kann Gott entweder als das „unerreichbare Andere" oder als das „verwandte Andere" erfahren. Als das „unerreichbare Andere" erlebt er das Göttliche in weiter Distanz - fremd und unnahbar in seiner Andersartigkeit und Übermacht. Wer hingegen das Göttliche als das „verwandte Andere" erkennt, spürt im Innersten seiner Seele eine Wesensverwandtschaft mit ihm. Er fühlt, dass in seinem Wesenskern Menschliches und Göttliches sich berühren. Aus diesem Gefühl entspringt sein Wunsch, mit Gott zu kommunizieren, ihm nahe zu sein, ihm zu dienen, sich ihm allmählich anzugleichen.

Das erste Gesicht Gottes schließlich ist „das große ICH BIN". Es ist die Erfahrung Jesu', der verkündet: „Ich und der Vater sind eins."[72]
Es ist die Erfahrung des Mystikers, der erkennt: „Ich bin Gott". So sagt Meister Eckhart: „...wäre aber ich nicht, so wäre auch Gott nicht: Dass

Gott „Gott" ist, dafür bin ich die Ursache; wäre aber ich nicht, so wäre Gott nicht „Gott."[73]


## Auf Unendliches bezogen

*„Die entscheidende Frage für den Menschen ist:*
*Bist du auf Unendliches bezogen oder nicht?*
*Das ist das Kriterium des Lebens."*[74]
*(C.G. Jung)*

Wer ganz der irdischen Welt verhaftet ist, klammert sich verzweifelt an sein Ich. Er lebt in ständiger latenter Angst, dass da nichts mehr sein wird, wenn sein Ich nicht mehr ist. Wer ausschließlich mit der materiellen, endlichen Sphäre des Daseins identifiziert ist, ohne Bezug zum Unendlichen, erschafft sich Ersatzgötter, die seine verdrängte Sehnsucht nach dem Göttlichen stillen sollen: Er verliert sich in rastlosem Streben nach Erfolg und Prestige, nach Geld und Macht. Er neigt vielleicht zu Fanatismus oder er sucht den Kontakt zum Transzendenten in Sex-, Alkohol- oder Drogenexzessen.

Wer aber den Bezug zu seinem geistigen Ursprung nie verloren oder ihn wiedergefunden hat, ist in nährender Verbindung mit einer Wirklichkeit, die „nicht von dieser Welt" ist, die unsere materielle Welt zwar einschließt, gleichzeitig aber über sie hinausgeht. Er hat erkannt, dass das Ich dem Menschen nur solange lebensdienlich ist, wie es ihn nicht von seiner Essenz abschneidet. Er versteht sein Ich als ein hilfreiches Werkzeug, nicht aber als Zentrum seines Wesens.

„Der Mensch, der ein geglücktes Ich hat, lebt also nicht nur Kraft seines Ichs. Zwar lebt er als Ich bezogen auf die raum-zeitliche Welt, er existiert aber aus einem Wesensgrund, der über das Ich und sein In-der-Welt-Sein hinausweist."[75] Er erinnert sich: Quelle und Heimat seines Daseins und gleichzeitig Bestimmung und Ziel seines Strebens sind transzendenter Natur. Er erkennt seine Sehnsüchte und sein Suchen als inneres Wirken eben dieser Transzendenz, die wiedergefunden werden möchte.

Wer den Bezug zum Unendlichen gefunden hat, wem es gelingt, „in der Zeit das Leben der Ewigkeit zu leben", für den werden die Dramen und Wirrnisse unserer physikalischen Welt nicht länger eine Bedrohung oder Tragik darstellen. Er wird wahrscheinlich seine momentane vergängliche Existenz als vorübergehenden Ausdruck einer möglichen Seinsform unter vielen anderen betrachten. Dies heißt nicht, dass die stoffliche Welt bedeutungslos für ihn sein wird. Im Gegenteil: Er wird sie noch intensiver erleben als zuvor. Jedoch wird seine gegenwärtige Daseinsform für ihn nicht mehr und nicht weniger darstellen als eine Schwelle zu neuen, unermesslichen Seinsmöglichkeiten, die noch unergründet dahinter verborgen liegen.

Wenn wir auf die Unendlichkeit bezogen sind und uns vom göttlichen Geist durchdrungen und getragen fühlen, kann ein unerschütterliches Lebensvertrauen an die Stelle unserer vormaligen Lebensängste treten. Immer spielerischer und kraftvoller erklimmen wir den jeweils nächsten Berggipfel, auch wenn wir wissen, dass es wohl noch nicht der letzte sein wird und dahinter noch weitere, vielleicht steile Felswände warten. Verankert in unerschütterlichem Glauben schrecken wir vor großen Herausforderungen nicht länger zurück. Im Gegenteil, wir freuen uns auf das nächste anstehende Abenteuer. Eine tiefe Gewissheit, dass uns im Grunde nichts, wirklich gar nichts zustoßen kann, ist unser ständiger Begleiter und lässt uns zielbewusst weiterschreiten.

## Engel

Gibt es sie wirklich, diese sagenumwobenen Himmelswesen? Oder ist der Glaube an Engel purer Aberglaube?

Wir erleben zurzeit einen regelrechten „Engel-Boom". Liegt dies daran, dass immer mehr Menschen in ihrer Orientierungslosigkeit und ihrer gefühlsmäßigen Isolation einen Halt, eine neue Form von Verbindung suchen? Oder ist der Grund dafür der, dass der neuzeitliche Mensch sich zunehmend für die feinstoffliche Dimension öffnet, weil er selbst immer feinstofflicher wird und somit durchlässiger für die geistige Welt? Wahrscheinlich ist beides der Fall.

Wer sich mit dem Thema Engel auseinandersetzen möchte, findet heute eine reichhaltige Literaturauswahl verschiedenster Geisteshaltung: Von unzähligen, eher oberflächlichen und oft fantastisch anmutenden Esoterikschriften, über fundierte Erlebnisberichte wie beispielsweise die (empfehlenswerten) Bücher von Gitta Mallasz bis zu ausführlichen Werken über die traditionelle Angelologie, einem Teilgebiet der theologischen Dogmatik.

Der Archetyp des Engels begegnet uns in fast allen Religionen und Kulturen in den verschiedenartigsten Beschreibungen und Bezeichnungen. Meist treten die geflügelten Himmelswesen als Bindeglied zwischen der geistigen und der materiellen Welt in Erscheinung, als Mittler zwischen Gottheit und Mensch. Die Engel überbringen uns Menschen die Offenbarungen Gottes, beschützen uns, greifen in menschliche Belange ein, wenn große Not herrscht.

Der Begriff Engel entspringt dem griechischen Wort ângelos und bedeutet Bote, Abgesandter. Engel haben im Christentum wie im Judentum als Boten Gottes eine hohe Bedeutung und werden vor allem im Alten Testament unzählige Male erwähnt. Auch im Koran spielen Engel eine wichtige Rolle, allen voran die Erzengel Mika'il (Michael) und Djibril (Gabriel).

Der schwedische Mystiker Emanuel Swedenborg erzählt in seinen Werken auf eindrückliche Weise, wie er mehrfach von einem Engel in himmlische Sphären begleitet wurde, um dort einen Einblick in die geistige Welt zu erhalten. Seine Erzählungen stimmen mit der Engellehre des Dionysius Areopagita, einem christlichen Mystiker des Mittelalters, genauso überein wie mit den Einsichten Rudolf Steiners, wonach sich das Reich der Engel in neun Chöre gliedern lässt, die wiederum in drei Hierarchien eingeteilt werden können:

1. Hierarchie: Seraphim, Cherubim, Throne
2. Hierarchie: Kyriotetes, Dynameis, Exusiai (hebr. Elohim)
3. Hierarchie: Archai, Archangeloi, Angeloi

In dieser Abstufung ist die erste Hierarchie als die höchste und Gott naheste zu verstehen. Je höher die Rangordnung eines Engelchores ist, umso größere Aufgabenbereiche hat dieser zu erfüllen. Uns Menschen am nächsten und am einfachsten zugänglich sind folglich die „gewöhnlichen" Engel, denen als Schutzengel die Begleitung der einzelnen Menschen anvertraut ist.

In ihrer Aufgabe als Verwalter der geistigen, seelischen und irdischen Entwicklung der Menschen kommt den Erzengeln eine besondere Bedeutung zu. In der christlichen wie der jüdischen Tradition ist die Rede von vier Erzengeln, von Michael, Gabriel, Raphael und Uriel, wobei in der Bibel nur die zwei Erstgenannten namentlich erwähnt sind. Gabriel ist uns allen bekannt als Bote der Verkündigung an Maria. Michael gilt als der Bezwinger des Teufels und als Anführer der Heere des Herrn. Gemäß Rudolf Steiner, der von sieben Erzengeln spricht, unterliegt jeweils einem von ihnen die Leitung eines rund 400 Jahre dauernden Zeitabschnitts, wobei wir uns jetzt in der „Michaelzeit" befinden sollen, die von 1879 bis ca. 2300 dauere.

In meiner Arbeit erlebe ich, dass ein beachtlicher Anteil meiner Klienten – so wie ich selbst auch – von der Existenz von Engeln überzeugt ist. Einige von ihnen berichten sogar auf glaubwürdige Weise, schon einmal oder auch mehrmals ihrem Schutzengel begegnet zu sein: In physischer Form, in Form einer Lichterscheinung oder einer sanften körperlichen Berührung. Unter ihnen finden sich auch Menschen, die sich zuvor noch gar nie Gedanken zum Thema „Engel" gemacht hatten, deren Weltsicht sich aber seit ihrer wunderbaren Begegnung grundlegend verändert hat.

Der Kontakt zu Wesen aus der geistigen Welt kann für Menschen eine kostbare Ressource sein – egal, ob es sich dabei um eine spürbare Verbindung zu Engeln, uns nahen Verstorbenen oder sonstigen Geistwesen handelt. Die Möglichkeit, unsere irdische Last hingabevoll der geistigen Welt zu übergeben, kann vor allem in Situationen großer Not, in denen wir aus eigener Kraft keine Lösung finden, unglaublich erlösend sein. Wem es gelingt zu „übergeben", befreit sich vom belastenden Druck, all seine Probleme aus eigener Ich-Kraft lösen zu müssen. Die Fähigkeit zu übergeben, ist Ausdruck unseres Vertrauens, im Leben geleitet, beschützt und getragen zu sein.

### Der verlorene Sohn

„Ein Mann hatte zwei Söhne. Der jüngere von ihnen sagte zu seinem Vater: Vater, gib mir das Erbteil, das mir zusteht. Da teilte der Vater das Vermögen auf.... Nach wenigen Tagen packte der jüngere Sohn alles zusammen und zog in ein fernes Land. Dort führte er ein zügelloses Leben und verschleuderte sein Vermögen.... Als er alles durchgebracht hatte, kam eine große Hungersnot über das Land, und es ging ihm sehr schlecht.... Da ging er zu einem Bürger des Landes und drängte sich ihm auf; der schickte ihn aufs Feld zum Schweinehüten.... Er hätte gern seinen Hunger mit dem Schweinefutter gestillt; aber niemand gab ihm davon.... Da ging er in sich und sagte: Wie viele Tagelöhner meines Vaters haben mehr als genug zu essen, und ich komme hier vor Hunger um.... Ich will aufbrechen und zu meinem Vater gehen und zu ihm sagen: Vater, ich habe mich gegen den Himmel und gegen dich versündigt...Ich bin nicht mehr wert, dein Sohn zu sein; mach mich zu einem deiner Tagelöhner.... Dann brach er auf und ging zu seinem Vater. Der Vater sah ihn schon von weitem kommen, und er hatte Mitleid mit ihm. Er lief dem Sohn entgegen, fiel ihm um den Hals und küsste ihn.... Da sagte der Sohn: Vater, ich habe mich gegen den Himmel und gegen dich versündigt; ich bin nicht mehr Wert, dein Sohn zu sein.... Der Vater aber sagte zu seinen Knechten: Holt schnell das beste Gewand, und zieht es ihm an.... Bringt das Mastkalb her und schlachtet es: Wir wollen essen und fröhlich sein.... Denn mein Sohn war tot und lebt wieder; er war verloren und ist wiedergefunden worden. Und sie begannen, ein fröhliches Fest zu feiern.... Sein älterer Sohn war unterdessen auf dem Feld. Als er heimging und in die Nähe des Hauses kam, hörte er Musik und Tanz.... Da rief er einen der Knechte und fragte, was das bedeuten solle.... Der Knecht antwortete: Dein Bruder ist gekommen, und dein Vater hat das Mastkalb schlachten lassen, weil er ihn heil und gesund wiederbekommen hat.... Da wurde er zornig und wollte nicht hineingehen. Sein Vater aber kam heraus und redete ihm gut zu.... Doch er erwiderte dem Vater: So viele Jahre schon diene ich dir, und nie habe ich gegen deinen Willen gehandelt; mir aber hast du nie auch nur einen Ziegenbock geschenkt, damit ich mit meinen Freunden ein Fest feiern konnte.... Kaum aber ist der gekommen, dein Sohn, der dein Vermögen mit Dirnen durchgebracht hat, da hast du für ihn das Mastkalb geschlachtet.... Der Vater antwortete ihm: Mein Kind, du bist immer bei mir, und alles, was mein ist, ist auch dein.... Aber jetzt müssen wir uns doch freuen und ein Fest feiern; denn dein Bruder war tot und lebt wieder; er war verloren und ist wiedergefunden worden."[76]

## Involution und Evolution

Das Gleichnis vom verlorenen Sohn erzählt die Geschichte der Menschheit. Es erzählt von unserer Trennung von der göttlichen Quelle, von unserem Eintauchen in die Welt der Polaritäten mit all ihrer Lust und all ihrem Schmerz. Und es erzählt von der Erinnerung an unseren Ursprung, von unserer inneren Wandlung am Punkt des größten Leids und unserer Rückkehr nach Hause.

Wir können das Wirken des Göttlichen in der Schöpfung als zwei einander entgegengesetzte Bewegungen betrachten: als Involution und Evolution. Der Prozess der Involution bezeichnet den Abstieg des Göttlichen in die Welt. Der Prozess der Evolution bezeichnet seine Rückkehr in die Einheit. Plotin sprach von diesen zwei Bewegungen als „efflux", dem Sich-Ergießen des Göttlichen in die Schöpfung und von „reflux", seinem Zurück-Fließen in die Einheit.

Der Prozess der Involution ist die Bewegung von der Einheit in die Vielheit. Das Eine, Absolute, Göttliche ergießt sich in die Schöpfung und erzeugt so die manifeste Welt. Die Involution ist die erschaffende Bewegung. GEIST (spirit) involviert in Materie. Für die individuelle Seele bedeutet dies die Trennung von der göttlichen Quelle. Sie taucht ein in die Welt der Formen und Dinge und sie vergisst dabei ihren raum- und zeitlosen Urgrund.

Anfangs lebte der Mensch im Garten Eden, im „Paradies" – in vollständiger Unbewusstheit, symbiotisch verschmolzen mit dem Göttlichen. Er hatte keine Individualität, war fern jeglicher Selbstbestimmung und Selbstverantwortung. Um ein Individuum zu werden, musste er sich von seinem göttlichen Urgrund abtrennen. Es ist das Los des Menschen, sich von der Ureinheit des Lebens abzusondern (= Ursünde). Das Essen der Frucht vom Baum der Erkenntnis führt zu seiner Vertreibung aus dem Paradies. Er fällt in die Polarität, in die Erfahrung und die Auseinandersetzung mit Gut und Böse. Der biblische Sündenfall ist Sinnbild für das Erwachsen-Werden des Menschen, für sein Erwachen aus dem unbewussten Dämmerzustand der Symbiose mit dem „großen Vater" beziehungsweise der „großen Mutter".

Es gehört zum Schicksalsweg des Menschen, aus der Geborgenheit des Mutterschoßes herauszufallen, um sich seiner selbst als Individuum bewusst zu werden. Im Verlauf des Involutionsprozesses beginnt sich das ursprünglich reine Bewusstsein mit den Ausdrucksformen der stofflichen Welt – mit der Materie, dem Körper, den Gefühlen und vor allem dem Verstand – zu identifizieren und vergisst dabei weitgehend seinen spirituellen Ursprung. Die ausschließliche Identifikation mit dem irdischen Dasein führt unweigerlich zu Leid. In seiner Seelennot und Einsamkeit realisiert der Mensch, dass es nicht vorwiegend die Welt ist, unter der er leidet, sondern vielmehr der Verlust seiner Beziehung zu seinem tiefsten, göttlichen Wesenskern. Er sehnt sich zurück zu seinem „Vater" und er macht sich auf den Weg zu seiner wahren Heimat, seinem wahrhaftigen Wesen.

Der Prozess der Evolution ist die Bewegung von der Vielfalt zurück in die Einheit. Die Evolution bezeichnet die Rückkehr der individuellen Seele ins Einheitsbewusstsein. Sie ist die erlösende Bewegung. Die Evolution verfolgt den Weg der „Großen Kette des Seins" und erzeugt dabei zunehmend höher entwickelte Strukturen des Bewusstseins. Die große Kette des Seins verläuft von Materie zu Leben zu Geist (mind) zu GEIST (spirit). In Plotins Worten: „Gott (das Bewusstsein) schläft im Stein, atmet in der Pflanze, träumt im Tier und erwacht im Menschen." Bestimmung und Ziel der Evolution ist das Einheitsbewusstsein mit dem Göttlichen.

Bewusstsein evolviert stufenweise: von der prärationalen über die rationale hin zu einer transrationalen Stufe. Jede Stufe ist Ausdruck des Göttlichen und je höher sich Bewusstsein entwickelt, umso klarer erkennt es seine Göttlichkeit. Die Abfolge der verschiedenen Evolutionsstufen lässt sich folgendermaßen zusammenfassen: „Von der Natur über die Menschheit zur Gottheit, vom Unbewussten über das Selbstbewusste zum Überbewussten, vom Präpersonalen über das Personale zum

Transpersonalen... Dabei ist der GEIST (spirit) auf allen Stufen als der Entwicklungsprozess selbst voll gegenwärtig."[77]

Bisher ereigneten sich im Verlaufe der Evolution des Bewusstseins zwei maßgebende Quantensprünge: als Erster die Emergenz von Leben, der Übergang von der leblosen Materie zum organischen Leben. Der zweite Quantensprung war die Entwicklung des Menschen und mit ihm die Entstehung des Geistes (mind). Dies war der Sprung vom Unbewussten zum Selbstbewussten, zur Fähigkeit der Selbstreflexion. Mit dem Auftauchen des rationalen Bewusstseins wurde das Leben seiner selbst bewusst. Durch Begriffe, Symbole und die Vernunft versucht es, sich selbst zu ergründen. Das Universum war nun imstande, über sich selbst nachzudenken.

Bewusstsein erschafft im Verlaufe seiner Evolution zunehmend komplexere, differenziertere und vielschichtigere Ausdrucksformen. Stets enthält das Höherentwickelte in sich alle Attribute des Tieferentwickelten, transzendiert diese jedoch, indem es neue Attribute hinzuentwickelt. Verschiedene Bewusstseinsforscher sind der Überzeugung, dass sich die Menschheit momentan in einem Übergangsstadium zu einem dritten epochalen Bewusstseinssprung befindet, dem Sprung von der rationalen zu einer transrationalen Bewusstseinsstufe. Michael Murphy listet in seinem bahnbrechenden Werk „Der Quantenmensch" unter anderem folgende Eigenschaften auf, die für diese entstehende Bewusstseinsebene charakteristisch sind: [78]

- Neue Formen der Wahrnehmung wie „das Erkennen einer numinosen Schönheit" in alltäglichen Dingen, Hellsichtigkeit und der „Kontakt mit Wesenheiten oder Ereignissen, die den normalen Sinnen nicht zugänglich sind".

- „Eine Personalität, die gleichzeitig die eigene, normale Selbstwahrnehmung transzendiert und erfüllt, während sie sich ihres fundamentalen Einsseins mit anderen bewusst ist."

- „Formen außergewöhnlicher somatischer Bewusstheit."
- „Außergewöhnliche Fähigkeiten des Kommunizierens, einschließlich der Übertragung von Gedanken."

- „Ein Überfluss an vitalen Kräften, der sich nur unzureichend durch gewöhnliche körperliche Vorgänge erklären lässt."

- „Außergewöhnliche Fähigkeiten, auf die Umgebung einzuwirken" wie die „Fähigkeit, auf Dinge aus der Ferne ohne direkte physikalische Einwirkung Einfluss zu nehmen, wie etwa beim Geistheilen."

- „Eine über das normale Maß hinausgehende Willenskraft, die verschiedene Triebkräfte vereinigt und so zu außergewöhnlichem Handeln befähigt."

- „Eine Seins-Seligkeit, die nicht wie gewöhnliches Vergnügen von der Befriedigung der Bedürfnisse oder Begierden abhängig ist und bei Krankheiten und unter schwierigen Umständen weiterbesteht."

- „Liebe, die gewöhnliche Bedürfnisse transzendiert und das fundamentale Einssein mit anderen offenbart."

## Schlussgedanken

Im Grunde sind wir alle Suchende. Jeder Mensch sucht auf seine Weise - bewusst oder unbewusst - nach dem Göttlichen. Doch was auch immer wir als die letzte Wirklichkeit erkannt zu haben glauben, es kann nur ein Teilaspekt oder Fragment der Wahrheit sein, denn Wahrheit ist unendlich, sie schreitet uns stets voraus und ist deshalb nie ganz fassbar. Wir können Gott nicht rechtfertigen, nicht beweisen. „Wenn du es begreifst, ist es nicht Gott", sagt Augustinus. Wir können Gott nicht begreifen, weil er kein von uns getrenntes Objekt ist. Das, wonach wir Ausschau halten, ist der Ausschau-Haltende selbst. Wir können nur erkennen, was von uns verschieden ist. Kann etwa ein Auge sich selbst sehen? Kann ein Feuer sich selbst brennen? Ein Messer sich selbst schneiden?

Wir können Gott nicht definieren. Gleichzeitig aber begegnet er uns in allem, was unsere Sinne wahrnehmen. Wir haben keinen bewussten Zugang zu Gottes Kraft, trotzdem bedienen wir uns bei jeder kleinsten Bewegung dieser Kraft. Mit jedem Atemzug atmen wir das Göttliche, mit jedem Bissen schmecken wir es, mit jeder Berührung berühren wir es. Trotzdem sind wir fortwährend auf der Suche nach ihm. Wir sind auf der ständigen Suche nach etwas, das im Grunde immer gegenwärtig ist.

In seinem Gedicht „Gesang von mir selbst" schreibt Walt Whitman:

*Warum sollte ich wünschen, Gott besser zu sehen als heut?*
*Ich sehe etwas von Gott in jeder der vierundzwanzig*
*Stunden des Tags und in jeder ihrer Minuten.*
*In den Gesichtern von Männern und Frauen sehe ich*
*Gott und in meinem eignen Gesicht im Spiegel,*
*Ich finde Briefe von Gott in den Straßen verstreut,*
*ein jeder gezeichnet mit Gottes Namen,*
*Und ich lasse sie liegen an ihrem Ort, denn ich weiß:*
*wohin ich auch gehe,*
*Werden andere pünktlich ankommen für immer und ewig.* [79]

# Personenregister

**Aristoteles**
Griechischer Philosoph, 384-322 v.Chr., Schüler von Platon

**Asklepios (Äskulap)**
Gott der Heilkunst in der griechischen Mythologie
Der Äskulapstab (ein Ast, um den sich eine Schlange windet,) ist bis heute das Symbol der Ärzte und Apotheker.

**Augustinus, Aurelius**
Philosoph und Kirchenvater, 354-430, der bedeutendste christliche Platoniker. Bekannteste Werke: „Bekenntnisse", „Der Gottesstaat"

**Aurobindo, Sri**
Indischer Philosoph, Yogi, Mystiker, Politiker und Guru, 1872-1950, Bedeutendste Werke: „Das göttliche Leben", „Synthese des Yoga"

**Bergson, Henri**
Französischer Philosoph, 1859-1941, Vertreter der Lebensphilosophie
Bedeutendste Werke: „Die schöpferische Entwicklung"(Nobelpreis für Literatur 1927), „Materie und Gedächtnis"

**Bernhard von Clairvaux**
Französischer Mystiker und Abt des Zisterzienserordens, 1091-1153, Begründer der christlich-orthodoxen Mystik

**Bhagavadgita**
Eine der wichtigsten hinduistischen religions-philosophischen Schriften in Form eines Gedichts, entstanden wahrscheinlich um 400 v. Chr.

**Blake, William**
Englischer Dichter, Maler und Naturmystiker, 1757-1827

**Bly, Robert**
Amerikanischer Schriftsteller und Psychologe, geb. 1926
Bekanntestes Werk: „Eisenhans: Ein Buch über Männer"

**Buber, Martin**
Österreichisch-israelischer jüdischer Religionsphilosoph
1878-1965
Wichtigste Werke: „Ich und Du", „Das dialogische Prinzip",
„Erzählungen der Chassidim"

**Campbell, Joseph**
Amerikanischer Autor über Mythologie, 1904-1987
Wichtigste Werke: „Die Kraft der Mythen", „Der Heros"

**Capra, Fritjof**
Österreichischer Physiker, Philosoph, Systemtheoretiker und Schrift-
steller, geb. 1939
Wichtigste Werke: „Das Tao der Physik", „Wendezeit"

**Chesterton, Gilbert Keith**
Englischer Schriftsteller, 1874-1936

**Chopra, Deepak**
Indisch-amerikanischer Autor, Arzt und spiritueller Lehrer, geb. 1946
Wichtigste Werke: „Die heilende Kraft", „Schöpfung oder Zufall?",
„Lerne lieben, lebe glücklich", „Die 7 geistigen Gesetze des Erfolgs",
„Das Buch der Geheimnisse", „Die 7 Schlüssel zum Glück" u.v.a.

**Chiron (Cheiron)**
Kentaur aus der griechischen Mythologie mit Kenntnissen in der Heil-
kunde, Lehrer des Asklepios

### Dahlke, Rüdiger
Deutscher Autor, Arzt und Psychotherapeut, geb. 1951
Wichtigste Werke: „Krankheit als Symbol", „Krankheit als Sprache der Seele", „Die Schicksalsgesetze", „Das Schattenprinzip" u.v.a.

### Descartes, René
Französischer Philosoph und Mathematiker, 1596-1650, Begründer des modernen frühneuzeitlichen Rationalismus, „Ich denke, also bin ich."

### Dostojewski, Fjodor
Russischer Schriftsteller, 1821-1881
Wichtigste Werke: „Die Dämonen", „Die Brüder Karamasov", „Der Idiot", „Schuld und Sühne" u.v.a.

### Dionysius Areopagita (Pseudo-Dionysius)
Anonymer christlicher Kirchenvater und Autor, 5./6. Jahrhundert

### Dürckheim, Karlfried Graf
Deutscher Psychotherapeut und Zen-Lehrer, 1896-1988
Begründer der Initiatischen Therapie
Wichtigste Werke: „Hara", „Der Alltag als Übung", „Erlebnis und Wandlung", „Der Weg, die Wahrheit, das Leben"

### Fritsche, Herbert
Deutscher Autor auf den Gebieten der Esoterik, Medizin, Spiritualität 1911-1960.
Wichtigste Werke: „Der Holunderbaum", „Der Erstgeborene", „Die Erhöhung der Schlange"

### Fromm, Erich
Deutscher Philosoph und Psychoanalytiker, 1900-1980
Wichtigste Werke: „Die Kunst des Liebens", „Haben oder Sein", „Märchen, Mythen, Träume", „Die Furcht vor der Freiheit",

„Anatomie der menschlichen Destruktivität"

**Gibran, Kahlil**
Libanesisch-amerikanischer Dichter, Philosoph und Maler, 1883-1931
Bekanntestes Werk: „Der Prophet"

**Goethe, Johann Wolfgang von**
Der wohl bedeutendste deutschsprachige Dichter, wichtigster Vertreter
des „Sturm und Drang", Naturwissenschaftler und Politiker, 1749-1832
Wichtigste Werke: „Faust", „Die Leiden des jungen Werther", „Wilhelm Meisters Lehrjahre", „Die Wahlverwandtschaften" u.v.a.

**Gurdjieff, Georg Iwanowitsch**
Griechisch-armenischer Schriftsteller, Philosoph, Esoteriker und Komponist, 1866-1949
Wichtigste Werke: „Beelzebubs Erzählungen", „Begegnungen mit bemerkenswerten Menschen", „Das Leben ist nur wirklich, wenn ich bin"

**Hawking, Stephen**
Britischer Physiker und Astrophysiker, geb. 1942
Populärstes Werk: „Eine kurze Geschichte der Zeit"

**Heisenberg, Werner**
Deutscher Physiker und Nobelpreisträger, 1901-1976
Begründer der Quantenmechanik

**Hesse, Hermann**
Deutschsprachiger Schriftsteller und Dichter mit deutscher, russischer
und schweizerischer Staatsbürgerschaft, 1877-1962
Nobelpreis für Literatur 1946
Bedeutendste Werke: „Steppenwolf", „Das Glasperlenspiel", „Siddharta", „Demian", „Narziss und Goldmund" u.v.a.

**Huxley, Aldous**
Britischer Schriftsteller, 1894-1963
War stark inspiriert von seiner Freundschaft mit Krishnamurti
Wichtigste Werke: „Die ewige Philosophie – philosophia perennis",
„Schöne neue Welt", „Eiland", „Zeit muss enden" u.v.a.

**Jacobi Jolande**
Ungarische Psychoanalytikerin, gest. 1973, Schülerin von C.G. Jung
Wichtigste Werke: „Die Psychologie von C.G. Jung", „Vom Bilderreich
der Seele", „Die Seelenmaske", „Der Weg zur Individuation"

**Jäger, Willigis**
Deutscher Benediktinermönch, Zen-Meister, Mystiker und Autor,
geb. 1925
Wichtigste Werke: „Geh den inneren Weg", „Wiederkehr der Mystik",
„Kontemplation", „Westöstliche Weisheit", „Die Welle ist das Meer",
„Das Leben ist Religion", „Suche nach dem Sinn des Lebens" u.v.a.

**Jaspers, Karl Theodor**
Deutsch-schweizerischer Philosoph und Psychiater, 1883-1969
Bedeutender Vertreter der Existenzphilosophie
Wichtigste Werke: „Psychologie der Weltanschauungen", „Von der
Wahrheit", „Die Schuldfrage", „Die großen Philosophen" u.v.a.

**Jung, Carl Gustav**
Schweizerischer Tiefenpsychologe und Psychiater, 1875-1961, Begrün-
der der analytischen Psychologie
Wichtigste Werke: „Erinnerungen, Träume, Gedanken", „Das rote
Buch", „Gesammelte Werke" u.v.a.

**Kabat-Zinn, Jon**
Amerikanischer Schriftsteller und Achtsamkeitslehrer, geb. 1944
Begründer von MBSR (mindful based stress reduction)

Wichtigste Werke: „Die heilende Kraft der Achtsamkeit",
„Bei sich selbst zuhause sein", „Zur Besinnung kommen"

## Keleman, Stanley

Amerikanischer Psychologe und Bioenergetiker, geb. 1931
Wichtigste Werke: „Dein Körper formt dein Selbst",
„Verkörperte Gefühle", "Lebe dein Sterben", „Formen der Liebe"

## Kierkegaard, Søren

Dänischer Philosoph und Theologe, 1813-1855
Wegbereiter der Existenzphilosophie
Wichtigste Werke: „Der Begriff Angst", „Stadien auf des Lebens Weg",
„Die Krankheit zum Tode", „Einübung im Christentum" u.v.a.

## Krishnamurti, Jiddu

Indischer Philosoph und spiritueller Lehrer, 1895-1986
Einer der bedeutendsten Weisheitslehrer des 20. Jahrhunderts
Wichtigste Werke: „Einbruch in die Freiheit", „Schöpferische Freiheit",
„Der Flug des Adlers", „Die Zukunft ist jetzt" u.v.a.

## Laotse

Legendärer chinesischer Philosoph, ca. 6. Jahrhundert v. Chr.,
gilt als Begründer des Taoismus
Wichtigstes Werk: „Tao Te King"

## Lowen, Alexander

Amerikanischer Psychologe und Arzt, 1910-2008
Begründer der Bioenergetik und der Bioenergetischen Analyse
Wichtigste Werke: „Bioenergetik", „Narzissmus", „Lust",
„Der Verrat am Körper", „Angst vor dem Leben"

**Mallasz, Gitta**
Ungarische Malerin und Autorin, 1907-1985
Wichtigste Werke: „Die Antwort der Engel", „Weltenmorgen",
„Die Engel erlebt", „Sprung ins Unbekannte"

**Maslow, Abraham**
Amerikanischer Psychologe, 1908-1970
Begründer der Humanistischen Psychologie
Wichtigste Werke: „Psychologie des Seins", „Motivation und Persön-
lichkeit", „Die Psychologie der Wissenschaft"

**McIntosh, Steve**
Amerikanischer Psychologe, Autor und integraler Denker
Wichtigstes Werk: „Integrales Bewusstsein"

**Meister Eckhart**
Deutscher Dominikanermönch und Philosoph aus dem Spätmittelalter,
der wohl bedeutendste deutsche Mystiker
Wichtigste Werke: „Reden der Unterweisung", „Predigten" u.v.a.

**Die Mutter (Mirra Alfassa)**
Französische spirituelle Lehrerin, 1878-1973
Schülerin und spirituelle Partnerin von Sri Aurobindo
Wichtigste Werke: „Mutters Agenda", diverse „Gespräche"

**Murphy, Michael**
Amerikanischer Autor und Psychologe, geb. 1930
Begründer des bekannten Esalen-Instituts
Wichtigste Werke: „Der Quantenmensch", „The life we are given"

**Nietzsche, Friedrich**
Preußischer Philosoph, Philologe und Dichter, 1844-1900
Wichtigste Werke: „Also sprach Zarathustra", „Der Antichrist",

„Jenseits von Gut und Böse", „Ecce homo"

**Niklaus von Flüe (Bruder Klaus)**
Schweizerischer Mystiker und Einsiedler, 1417-1487
gilt als Schutzpatron der Schweiz

**Nikolaus von Kues**
Deutscher Mystiker, Philosoph und Kardinal, 1401-1464
Wichtigste Werke: „Vom gelehrten Nichtwissen",
„Von der Schau Gottes", „Gespräch über das Seinkönnen"

**Pannikar, Raimon**
Spanischer Religionsphilosoph, Theologe und Chemiker, 1918-2010
Einer der bedeutendsten Vertreter des interreligiösen Dialogs
Wichtigste Werke: „Rückkehr zum Mythos", „Christophanie",
„Der neue religiöse Weg", „Trinität", „Gott, Mensch und die Welt"

**Perls, Fritz (Frederick S. Perls)**
Deutsch-amerikanischer Psychiater und Psychotherapeut, 1893-1970
Mitbegründer der Gestalttherapie
Wichtigste Werke: „Gestalt-Therapie", „Gestalt-Therapie in Aktion"

**Platon**
Griechischer Philosoph, 428 v. Chr.- 347 v. Chr., Schüler des Sokrates
Wichtigste Werke: „Nomoi (Die Gesetze)", „Phaidros",
„Politeia (Der Staat)", „Symposion (Das Gastmahl)" u.v.a.

**Plotin**
Antiker griechischer Philosoph, 205-270
Begründer und bekanntester Vertreter des Neuplatonismus
Wichtigste Werke: „Enneaden (Gesammelte Werke)"

**Rahner, Karl**
Deutscher Theologe, 1904-1984
Wichtigste Werke: „Geist in Welt", „Kurzformeln des Glaubens"

**Ramakrishna, Paramahamsa**
Hinduistischer Mystiker, 1836-1886
Einer der bedeutendsten indischen „Heiligen"
Lehrer und Guru von Vivekananda

**Rolland, Romain**
Französischer Schriftsteller und Pazifist, 1866-1944
Nobelpreis für Literatur 1915

**Rumi (Dschalal ad-Din ar-Rumi)**
Persischer Sufi-Mystiker und Dichter, 1207-1273
Wichtigste Werke: „Mathnawi", „Der Diwan von Schams-e Tabrizi",
„Fihi ma fihi (Darin ist, was darin ist)"

**Satprem**
Französischer Autor, 1923-2007
Schüler von „Die Mutter", Kenner des Werks Aurobindos
Wichtigste Werke: „Aurobindo oder das Abenteuer des Bewusstseins",
„Das Mental der Zellen", „Auf dem Wege zum Übermenschen"

**Schelling, Friedrich Wilhelm Joseph**
Deutscher Philosoph, 1775-1854
Einer der Hauptvertreter des deutschen Idealismus
Wichtigste Werke: „System des transzendentalen Idealismus",
„Von der Weltseele", „Philosophische Untersuchungen über das Wesen
der menschlichen Freiheit"

**Schiller, Friedrich**
Deutscher Dichter, Philosoph und Historiker, 1759-1805

Einer der bedeutendsten deutschen Lyriker und Dramatiker
Wichtigste Werke: „Wallenstein", „Kabale und Liebe", „Die Räuber",
„Maria Stuart", „Wilhelm Tell", „Don Carlos" u.v.a.

### Schopenhauer, Arthur
Deutscher Philosoph, 1788-1860
Wichtigste Werke: „Die Welt als Wille und Vorstellung" Bd.1&2,
„Parerga und Paralipomena", „Die beiden Grundprobleme der Ethik"

### Seneca
Römischer Philosoph und Schriftsteller, 1-65
Wichtigste Werke: „De vita Beata (Vom glücklichen Leben)",
„De Brevitate Vitae (Von der Kürze des Lebens)", „Oedipus" u.v.a.

### Shah, Idries
Afghanisch-britischer Autor, 1924-1996
Popularisierte die Lehren des Sufismus im Westen
Wichtigste Werke: „The Sufis", „Tales of the Dervishes",

### Smith, Huston
Amerikanischer Religionswissenschaftler und Autor, 1919-2016
Wichtigstes Werk: „Die sieben großen Religionen der Welt"

### Sokrates
Griechischer Philosoph, 469 v. Chr.-399 v. Chr.
Der für das abendländische Denken wohl bedeutendste Philosoph
Lehrer von Platon

### Steiner, Rudolf
Österreichischer Philosoph und Esoteriker, 1861-1925
Begründer der Anthroposophie
Wichtigste Werke: „Die Philosophie der Freiheit", „Aus der Akasha-
Chronik", „Mein Lebensgang" u.v.a.

**Stone, Randolph**
Österreichisch-amerikanischer Naturarzt, Chiropraktiker u. Osteopath,
1890-1981, Begründer der Polarity-Therapie
Wichtigste Werke: „Polarity-Therapie – Band 1 und Band 2",
„Gesundheit aufbauen"

**Swedenborg, Emanuel**
Schwedischer Wissenschaftler, Mystiker und Theosoph, 1688-1772

**Tagore, Rabindranath**
Bengalischer Dichter, Philosoph, Maler und Musiker, 1861-1941
Der erste asiatische Nobelpreisträger (Literatur 1913)
Wichtigste Werke: „Das Heim und die Welt", „Gitanjali",
Komponist der indischen Nationalhymne

**Teilhard de Chardin, Pierre**
Französischer Jesuitenpater, Naturwissenschaftler und Philosoph,
1881-1955
Wichtigste Werke: „Der Mensch im Kosmos", „Die Zukunft des Menschen", „Die menschliche Energie", „Mein Glaube"

**Thérèse von Lisieux**
Französische Mystikerin und Kirchenlehrerin, 1873-1897
Wichtigstes Werk: „Ich gehe ins Leben ein"

**Thich Nhat Hanh**
Vietnamesischer buddhistischer Mönch und Autor, geb. 1926
Wichtigste Werke: „Buddha und Christus heute", „Ärger", „Lächle Deinem eigenen Herzen zu", „Der Buddha", „Das Wunder der Achtsamkeit", „Wahren Frieden schaffen", „Zeiten der Achtsamkeit"

**Tillich, Paul**
Deutsch-amerikanischer Theologe und Religionsphilosoph, 1886-1965

Wichtigste Werke: „Der Mut zum Sein", „Systematische Theologie",
„Wesen und Wandel des Glaubens", „Liebe - Macht - Gerechtigkeit"

## Tolle, Eckhart
Deutsch-kanadischer spiritueller Lehrer und Autor, geb. 1948
Der wohl populärste und meistgelesene spirituelle Autor der Gegenwart
Wichtigste Werke: „Jetzt! Die Kraft der Gegenwart", „Stille spricht",
„Eine neue Erde", „Leben im Jetzt"

## Upanischaden
Philosophische Schriften des Hinduismus in Prosa und Versform, Bestandteil der Veden, entstanden ca. 700-200 v. Chr.

## Vipassana-Meditation
Buddhistische Achtsamkeits- bzw. Einsichtsmeditation

## Vivekananda
Hinduistischer Mönch, Gelehrter und Schriftsteller, 1863-1902
Schüler des Ramakrishna
Wichtigste Werke: „Vedanta", „Jnana-Yoga", „Bhakti-Yoga",
„Raja-Yoga", „Karma-Yoga"

## Von Franz, Marie-Louise
Schweizer Psychotherapeutin, Altphilologin und Autorin, 1915-1998
Schülerin und Mitarbeiterin von C.G. Jung
Wichtigste Werke: „Symbolik des Märchens", „Der ewige Jüngling",
„Träume", „Psychotherapie", „Psyche und Materie", „Traum und Tod",
„Archetypische Dimensionen der Seele"

## Walsh, Neale Donald
Amerikanischer Schriftsteller, geb. 1943
Wichtigste Werke: „Gespräche mit Gott – Band 1-3", „Was Gott will",
„Zuhause in Gott", „Was wirklich wichtig ist"

**Watts, Alan**
Englischer Religionsphilosoph und Schriftsteller, 1915-1973
Kenner der östlichen Religionen sowie der Jungschen Psychologie
Wichtigste Werke: „Weisheit des ungesicherten Lebens", „Zen-
Buddhismus", „Psychotherapie und östliche Befreiungswege",
„Die sanfte Befreiung", „Die Illusion des Ich", „Der Lauf des Wassers"

**Weischedel, Wilhelm**
Deutscher Philosoph und Schriftsteller, 1905-1975
Populärstes Werk: „Die philosophische Hintertreppe"

**Whitman, Walt**
Amerikanischer Dichter, 1819-1892
Einer der einflussreichsten amerikanischen Lyriker des 19. Jh.
Wichtigste Werke: „Grashalme", „Gesang von mir selbst",
„Hymnen für die Erde"

**Whitmont, Edward C.**
Österreichisch-amerikanischer Jungscher Psychoanalytiker, Arzt und
Homöopath, 1912-1998
Wichtigste Werke: „Die Rückkehr der Göttin", „Psyche und Substanz",
„Die Alchemie des Heilens"

**Wilber, Ken**
Amerikanischer Autor, Philosoph, Psychologe und Mystiker
geb. 1949, der wichtigste Vertreter der integralen Bewegung
Wichtigste Werke: „Eros, Kosmos, Logos", „Das Atman Projekt",
„Das Spektrum des Bewusstseins", „Halbzeit der Evolution",
„Wege zum Selbst", „Integrale Spiritualität" u.v.a.

**Wittgenstein, Ludwig**
Österreichisch-britischer Philosoph, 1889-1951
Wichtigste Werke: „Logisch-philosophische Abhandlung",

„Philosophische Untersuchungen"

**Yogi Bhajan**
Indischer Yogi, Vertreter des Kundalini-Yoga, 1929-2004

**Yung-chia Ta-shih**
Chinesischer buddhistischer Philosoph und Mönch, 665-713

**Zen (oder Zen-Buddhismus)**
Im ca. 5. Jahrhundert in China entstandene Strömung des Mahayana-Buddhismus, die stark vom Taoismus geprägt wurde. Zen fand ab dem 12. Jahrhundert Verbreitung in Japan und später auch im Westen. Im Westen bekannte Vertreter und Autoren: Daisetz Suzuki, Dürckheim, Ken Wilber, Willigis Jäger, Genpo Roshi

**Zukav, Gary**
Amerikanischer Autor mit Schwerpunkt „Neue Physik", „Meditation" und „Spiritualität", geb. 1942
Wichtigste Werke: „Die tanzenden Wu Li Meister",
„Die Spur zur Seele"

# Literaturempfehlungen

50 empfehlenswerte, zumeist einfach zu lesende Bücher zur Vertiefung diverser Themen dieses Buches:

## zu KAPITEL 1
- Capra, Fritjof: „Das Tao der Physik" (neu: „Der kosmische Reigen")
- Chopra, Deepak: „Die sieben Gesetze des geistigen Erfolgs"
- Dahlke, Rüdiger: „Die Schicksalsgesetze"
- Dethlefsen, Thorwald; Dahlke, Rüdiger: „Schicksal als Chance"
- Gibran, Kahlil: „Der Prophet"
- Krishnamurti, Jiddu: „Schöpferische Freiheit"
- Laszlo, Ervin: „Zu Hause im Universum"
- McIntosh, Steve: „Integrales Bewusstsein"
- Rinpoche, Sogyal: „Das tibetische Buch vom Leben und vom Sterben"
- Swimme, Brian: „Das Universum ist ein grüner Drache"
- Tolle, Eckhart: „Eine neue Erde"
- Watts, Alan: „Weisheit des ungesicherten Lebens"
- Wilber Ken: „Eine kurze Geschichte des Kosmos"

## zu KAPITEL 2
- Campbell, Joseph: „Der Heros in tausend Gestalten"
- Castaneda, Carlos: „Die Lehren des Don Juan"
- Coelho, Paolo: „Der Alchimist"
- Dahlke, Rüdiger: „Das Schattenprinzip"
- Estes, Clarissa Pinkola: „Die Wolfsfrau"
- Ford, Debbie: „Die dunkle Seite der Lichtjäger"
- Fritsche, Herbert: „Der Holunderbaum"
- Fromm, Erich: „Die Kunst des Liebens"
- Jacobi, Jolande: „Die Psychologie von C.G. Jung"
- Jung, Carl Gustav: „Erinnerungen, Träume, Gedanken"
- Jung, Carl Gustav: „Der Mensch und seine Symbole"
- Kast, Verena: „Die Dynamik der Symbole"

- Watts, Alan: „Die sanfte Befreiung"
- Wilber, Ken: „Wege zum Selbst"


zu KAPITEL 3
- Csikszentmihalyi, Mihaly: „Flow – Das Geheimnis des Glücks"
- Dahlke, Rüdiger: „Krankheit als Sprache der Seele"
- Dethlefsen T. & Dahlke R.: „Krankheit als Weg"
- Dürckheim, Karlfried Graf: „Erlebnis und Wandlung"
- Dürckheim, Karlfried Graf: „Hara"
- Grof, Christina und Stanislav: „Die stürmische Suche nach dem Selbst"
- Kabat-Zinn, Jon: „Zur Besinnung kommen"
- Keleman, Stanley: „Dein Körper formt dein Selbst"
- Lowen, Alexander: „Bioenergetik"
- Tolle, Eckhart: „Jetzt! – Die Kraft der Gegenwart"
- Thich Nhat Hanh: „Lächle Deinem eigenen Herzen zu"
- Wilber, Ken: „Mut und Gnade"
- Wilber, Ken: „Wege zum Selbst"


zu KAPITEL 4
- Chopra, Deepak: „Die göttliche Kraft"
- Dürckheim, Karlfried Graf: „Der Weg, die Wahrheit, das Leben"
- Fritsche, Herbert: „Der Holunderbaum"
- Huxley, Aldous: „Die ewige Philosophie – philosophia perennis"
- Jäger, Willigis: „Die Welle ist das Meer"
- Jäger, Willigis: „Wiederkehr der Mystik"
- Krishnamurti, Jiddu: „Schöpferische Freiheit"
- Murphy, Michael: „Der Quantenmensch"
- Smith, Huston: „Die sieben großen Religionen der Welt"
- Vivekananda: „Vedanta"
- Walsh, Neale Donald: „Gespräche mit Gott - Bd.1"
- Weischedel, Wilhelm: „Die philosophische Hintertreppe"
- Wilber, Ken: „Integrale Spiritualität"

# Quellenangaben

## Kapitel 1

[1] Alan Watts, Die sanfte Befreiung, Goldmann Verlag,
4. Aufl., 1985, S.82

[2] Thomas-Evangelium, Logion 106

[3] Ken Wilber, Wege zum Selbst, Goldmann Verlag,
9. Aufl., 1991, S.161

[4] C.G.Jung, Gesammelte Werke 8, S.784

[5] Gary Zukav, Die tanzenden Wu Li Meister, Rowohlt Verlag 1985

[6] Fritjof Capra, Das Tao der Physik, Scherz Verlag,
2. Aufl., 1984, S.132

[7] Ken Wilber, Vom Tier zu den Göttern, Hrg. Edith Zundel,
Verlag Herder, 1997, S.16

[8] Joseph Vital Kopp, Entstehung und Zukunft des Menschen,
Rex Verlag, 4. Aufl., 1963, S.41

[9] Teilhard de Chardin, Zitat aus Steve McIntosh,
Integrales Bewusstsein, Phänomen Verlag, 2009, S.23

[10] Ken Wilber, zitiert in What Is Enlightenment?,
Ausgabe 23, Frühjahr 2007, S.84

[11] Steve McIntosh, Integrales Bewusstsein, Phänomen Verlag,
2009, S.278

[12] Teilhard de Chardin, zitiert in What Is Enlightenment?, Ausgabe 23, Frühjahr 2007, S.68

## Kapitel 2

[13] Romain Rolland, Vivekananda, Verlag Rolf Kugler, S.121

[14] Ken Wilber, Das Spektrum des Bewusstseins, Scherz Verlag, 1. Aufl. 1987, S.205

[15] ebenda, S.205f.

[16] Johann Wolfgang von Goethe, Artemis, Bd. XVI, S.879f.

[17] Edward C. Whitmont, Die Alchemie des Heilens, Burgdorf Verlag, 1999, S.206

[18] Jolande Jacobi, Der Weg zur Individuation, Walter Verlag, 1971, S.23

[19] Marie-Louise von Franz, Archetypische Dimensionen der Seele, Daimon Verlag, 2005, S.218

[20] Hermann Hesse, Das Glasperlenspiel, Ausgewählte Werke Band 4, Suhrkamp, 1994, S.153

[21] Joseph Campbell, Der Heros in tausend Gestalten, Insel Verlag, 2011, S.36

[22] Zitat Karl Jaspers aus Hartmut Sitzler, Das Selbstsein des Geschöpfs, LIT Verlag, 2012, S.117

[23] Matthäus, 7, 7-11

[24] Seneca, Briefe an Lucilius, dtv, 2001, S.45

[25] Søren Kierkegaard

[26] Alan Watts, Die sanfte Befreiung, Goldmann Verlag,
4. Aufl., 1985, S.19

[27] Bhagavadgita, 3.Gesang, Vers 25

[28] Hermann Hesse, Eigensinn, Werkausgabe 10, S.454ff.

[29] C.G. Jung, Wirklichkeit der Seele, S.190

[30] Abraham Maslow, Motivation und Persönlichkeit, 11. Aufl. 2008,
Rowohlt Taschenbuch Verlag, S.73f.

[31] ebenda, S.186-211

## Kapitel 3

[32] Rumi „Gasthaus" aus Jon Kabat-Zinn, Zur Besinnung kommen,
Arbor Verlag, 3. Aufl., S.268

[33] Herbert Fritsche, Der Erstgeborene, Ernst Klett Verlag,
5. Aufl., 1953, S.162

[34] Raimon Pannikar, Myth, Faith and Hermeneutics, S.86

[35] C.G.Jung, Psychologie und Alchemie, GW Bd. 12,
Walter Verlag, S.43ff.

[36] Marie-Louise von Franz, Archetypische Dimensionen der Seele,
Daimon Verlag, 2. revid. Aufl. 2005, S. 376

[37] C.G. Jung, Briefe 1, S.456

[38] Kahlil Gibran, Der Prophet, Walter Verlag, 23. Aufl. 1988, S.25

[39] Ken Wilber, Vom Tier zu den Göttern, Herder Verlag 1997, S.28

[40] C.G. Jung, Über die Entwicklung der Persönlichkeit,
GW Bd.17, S.207

[41] Alan Watts, Die sanfte Befreiung, Goldmann Verlag,
4. Aufl., 1985, S.85

[42] Idries Shah, Tales of The Dervishes, New York E.P. Dutton, S.23f.

[43] Ken Wilber, Wege zum Selbst, Goldmann Verlag, 9. Aufl. 1991

[44] Jiddu Krishnamurti, Das Buch des Lebens, Theseus Verlag, S.231

[45] Ken Wilber, Wege zum Selbst, Goldmann Verlag,
9. Aufl, 1991, S. 175

[46] Alan Watts, Weisheit des ungesicherten Lebens, Knaur Verlag,
2003, S. 85

[47] Ken Wilber, Wege zum Selbst, Goldmann Verlag, 9. Aufl, 1991, S.144

[48] Stanley Keleman, Dein Körper formt dein Selbst, Kösel Verlag, S.25

[49] Alexander Lowen, Zitat in: Ken Wilber, Spektrum des Bewusstseins,
Scherz Verlag, 1987, S.262

[50] Karlfried Graf Dürckheim, Erlebnis und Wandlung,
Suhrkamp TB, 1. Aufl. 1992, S.58

[51] C.G. Jung, Praxis der Psychotherapie, GW Band 16

[52] C.G. Jung, Erinnerungen, Träume und Gedanken,
Walter Verlag, 3. Aufl. der Sonderausgabe 1985, S.139

## Kapitel 4

[53] Augustinus, Bekenntnisse, II/4

[54] Ludwig Wittgenstein, Tagebücher 1914-18, In: Schriften, Band 1,
Suhrkamp Verlag, Frankfurt 1960, S.167

[55] Maitri-Upanischade, 6.17.

[56] C.G.Jung, Psychologie und Religion, Ges. Werke Band 11, S.116

[57] C.G.Jung, Psychologie und Religion, Ges. Werke Band 11, S.167

[58] Sri Aurobindo, aus Satprem, Aurobindo oder Das Abenteuer
des Bewusstseins, Verlag Hinder + Deelmann, 5. Auflage 2010, S.42

[59] J.W. von Goethe, Zahme Xenien III

[60] Yung-chia Ta-shih, aus Aldous Huxley, Die ewige Philosophie,
Hans-Nietsch-Verlag, 2008, S.22

[61] J. Krishnamurti, aus Pupul Jayakar, Krishnamurti – Ein Leben in
Freiheit, Verlag Hans Jürgen Maurer, 2.Aufl. 2004, S.86f.

[62] Paul Tillich, Der Mut zum Sein, Gesammelte Werke Bd.XI,
Stuttgart 1969, S.136

[63] Martin Buber, Sinnbildliche u. sakramentale Existenz im Judentum,
Eranos-Jahrbuch 1934

[64] Ramakrishna, aus Huston Smith, Die sieben großen Religionen der Welt, Wilhelm Goldmann Verlag, München 2004, S.128ff.

[65] Friedrich Nietzsche, Also sprach Zarathustra, 2.Teil, 1883, Von großen Ereignissen

[66] Aldous Huxley, Die ewige Philosophie – philosophia perennis, Hans-Nietsch-Verlag, 2008, S.22

[67] Karl Jaspers, aus W. Weischedel, Die philosophische Hintertreppe, dtv, München, 5. Aufl. 1979, S.272

[68] Die Mutter, aus Satprem, Aurobindo oder Das Abenteuer des Bewusstseins, Verlag Hinder + Deelmann, 5. Auflage 2010, S.82

[69] Bernard de Clairvaux, aus Aldous Huxley, Die ewige Philosophie – philosophia perennis, Hans-Nietsch-Verlag, 2008, S.22

[70] M. & W. Küstenmacher, T. Haberer, Gott 9.0, Gütersloher Verlag, 3. Auflage, 2011, S.186f.

[71] Nikolaus von Kues, zitiert bei Jörg Zink, Unter dem großen Bogen, Stuttgart 2001, S.296

[72] Johannes, 10, 30

[73] Meister Eckhart, aus Josef Quint, Meister Eckehart, München 1977, S.308

[74] C.G.Jung, Erinnerungen, Träume, Gedanken, Hrg. Aniela Jaffé, Walter Verlag, Olten, 3. Aufl. 1985, S.327

[75] Karlfried Graf Dürckheim, Vom doppelten Ursprung des Menschen, Verlag Herder, Freiburg im Breisgau, 8. Auflage 1984, S.60

[76] Lukas, 15, 11-32

[77] Ken Wilber, Naturwissenschaft und Religion, Fischer Verlag, Frankfurt, 2010, S.142

[78] Michael Murphy, Der Quantenmensch, Integral Verlag, München, 6. Auflage 2002, S.39f.

[79] Walt Whitman, aus J. C. Pearce, Die heilende Kraft, Ullstein Verlag, S.247

Herausgeberinnen: Christa Balkenhol und Christine Karrasch

# Mit deiner Liebe wächst meine Seele

Leben und Erleben im Mutterleib:
Die Methode der vorgeburtlichen Bindungsförderung in Praxis und Theorie

Das Leben vor der Geburt ist die Blaupause für unser Leben. Hier wird nicht nur unser Körper geformt und geprägt, sondern auch unser Geist und unsere Seele. Deshalb ist die Zeit der Schwangerschaft für jede werdende Mutter eine herausragende Zeit, um eigene Wunden zu heilen und generationsübergreifende Muster zu verändern. Für die Zukunft des Kindes. Die berührenden Fallgeschichten und theoretischen Erklärungen von zehn Bindungsanalytikerinnen aus Deutschland und Österreich machen deutlich, wie eng die intrauterine Welt und unser Leben im Hier und Jetzt verknüpft sind. Echte Salutogenese und Prävention beginnen deshalb am effektivsten an genau dieser Stelle! Ein Buch für Schwangere und alle, die Mütter auf diesem Schöpfungsweg begleiten.

ISBN: 978-3-946315-08-7
Preis: 16,50 Euro